U0446609

顺丰传

如何在逆境中顺势而为

孟凡华 著

中国华侨出版社
北京

图书在版编目（CIP）数据

顺丰传 / 孟凡华著 .—北京：中国华侨出版社，2020.5
　　ISBN 978-7-5113-8157-6

Ⅰ.①顺… Ⅱ.①孟… Ⅲ.①邮件投递—邮电企业—企业管理—经验—中国 Ⅳ.①F632

中国版本图书馆CIP数据核字（2019）第294449号

顺丰传

著　　者：孟凡华
责任编辑：黄　威
封面设计：尚燕平
版式设计：书情文化
经　　销：新华书店
开　　本：700mm×980mm　1/16　印张：13　字数：127千字
印　　刷：三河市冀华印务有限公司
版　　次：2020年5月第1版　2020年5月第1次印刷
书　　号：ISBN 978-7-5113-8157-6
定　　价：45.00元

中国华侨出版社　北京市朝阳区西坝河东里77号楼底商5号　邮编：100028
法律顾问：陈鹰律师事务所
发 行 部：（010）82068999　传真：（010）82069000
网　　址：www.oveaschin.com　E-mail：oveaschin@sina.com

如果发现印装质量问题，可联系调换。质量投诉电话：010-82069336

序言
PREFACE

有这样一家奇怪的企业：它不制造产品，也不加工产品，却拥有40万名员工，这些员工遍布中国的大江南北，散落在城市的大街小巷，为千家万户提供优质的服务。

之所以说这家企业奇怪，是因为它从来不打广告。在这个以精美的有声广告来吸引消费者眼球的时代，广播、电视、互联网等各种媒体，街道、楼宇、商场等各色场所，为企业广告提供了一定的发展空间。漫天飞舞的广告，名人或影星的代言，多多少少吸引了人们的眼球。但是，这家特立独行的企业似乎跟广告"有仇"，无论在纸质媒体上，还是在电子媒体上，都不见它进行任何的广告投放活动。他们坚信，自身的发展胜过任何代言，自身的成长就是最好的广告。

这家企业，绝对是一家"吊人胃口"的企业。在蓬勃发展的市场上，一些资本如闻到了鱼腥味的"猫"，迫切地想将这家企业据为己有，退而求其次渴望占有它的一点股份。但是，他们这些愿望无一达成。那些收购者被这家企业直接拒绝，即便他们开出了高于这家企业当时总产值好几倍的收购价格；想入股的甚至连这家企业的掌门人都见不到，为了见其一面，各路资本想尽一切办法，却都无功而返……

这家企业，名叫顺丰。

顺丰，是一家什么样的企业？

它是一家快递企业。成立20多年来，它从最开始注册资金10万元、员工6名的小公司，发展到今天市值2000多亿元，员工40多万名的大企业，堪称传奇。顺丰速运的触角遍及世界各地，它不仅在国内有着极强的影响力，在国际市场上也是一个响当当的品牌。

它是一家电商企业。为了探索转型发展之路，提升竞争力，顺丰开始多元化的经营模式。虽然在电子商务方面的探索充满不确定性，一些项目陷入了困境，但是它并没有放弃。坚持下去，是它不变的选择。

它是一家金融企业。为了更好地服务企业，顺丰在金融领域持续发力，它陆续开发了顺丰宝、顺银金融、第三方支付牌照等产品。有了金融产品的"保驾护航"，顺丰越发底气十足。

顺丰是一家有口皆碑的企业，在快递领域，提起顺丰可谓无人不知，无人不晓。这家以运送速度最快、收费最高、服务质量最好著称的企业，很自然地引起了人们的注意。越来越多的人想探寻顺丰发展的秘密，追寻顺丰背后的故事。

本书较为全面地阐述了顺丰的发展之路及其创始人王卫的创业历程，并辅以行业背景的介绍，让读者一览中国快递企业的前世今生，从中亦可窥见中国民营企业的发展线索。

01 顺丰，上市了！

1. 顺丰，上市了 / 003
2. 观念的转变 / 009
3. 投身资本市场 / 014
4. 首次融资 / 018
5. 借壳上市，是无奈，也是必然 / 022
6. 他超越了曾经的华人首富 / 025
7. 将中国快递业做大做强 / 028

02 落地生根的顺丰

1. 高中毕业的"水货佬" / 035
2. 靠"人肉运输"的特快专递 / 039
3. 抛弃"携带"，开启系统化模式 / 042
4. 守成还是扩张，这是一个两难的抉择 / 045
5. 危机中的转机 / 049
6. 向国际化快递企业进军 / 052

03 由加盟到直营

1. 加盟之利，加盟之弊 / 059
2. 轰轰烈烈的收权运动 / 062
3. 直营征服客户 / 064
4. 直营中的困境 / 067
5. 当直营遇上电子商务 / 070
6. 将直营网点开到乡下 / 073

04 战略与战术

1. 以商务件为主，定位中高端 / 079
2. 只收小件，拒绝重货 / 082
3. 细分市场和客户 / 084
4. 开启个性化服务 / 087
5. 精细化的价格策略 / 090
6. 借助高科技的力量 / 094
7. 营销也要与众不同 / 099

05 跨界转型，布局电子商务

1. 试水 E 商圈 / 103
2. 顺丰尊礼会 / 106
3. 顺丰优选 / 109
4. "嘿客"的前世今生 / 112
5. 跨境电商全球顺 / 115
6. 顺丰大当家 / 117

06 与金融"联姻"

1. "顺丰宝"挂牌"营业" / 121
2. 顺银金融落地 / 123
3. 互联网金融的商业版图 / 125
4. 开启移动互联网终端 / 128

07 顺丰的企业管理

1. 探寻适合企业自身的管理模式 / 135
2. 练好内功，打造"经营五元素" / 141
3. 靠心法四诀避免"走火入魔" / 144
4. 让所有人心态归"零" / 147
5. 诚信管理 / 150

08 这些年，与顺丰并肩而行的同行

1. 相似的发展轨迹 / 155
2. 与"EMS"一起成长 / 158
3. 来自国际快递巨头的挑战 / 162
4. 是对手，也是伙伴 / 167
5. 从市场竞争到资本对决 / 171

09 创业者的气质

1. 低调做人，高调做企业 / 177
2. 最有信仰的工作狂 / 180
3. 专注与专一 / 183
4. 信仰让人自律和感恩 / 187
5. 王卫的企业家情怀 / 191
6. 公益之路 / 194

01

顺丰，上市了！

EXPRESS

1. 顺丰，上市了

2017年2月24日9点25分，深圳证券交易所内，钟声响起，悠悠而鸣，原本喧闹的人群瞬间沉寂，随着钟声的远去，又有一家企业登陆A股，正式成为股票交易市场的一分子。

对于快递企业顺丰来说，短短的钟声有着非同寻常的意义。钟声的结束，宣告了"顺丰控股"的上市，预示着顺丰公司即将开启在资本市场上的角逐。

这一天，顺丰总裁王卫并没有西装革履地上场，他下身穿着一条牛仔裤，上身穿一件白衬衫，衬衫外面罩着一件黑色的工装外套，鼻梁上架着一副黑框眼镜，这样的一身装扮让人很难将他与坐拥40万名员工的顺丰帝国掌控者联系在一起，相反，抛开商人的身份，带着些文人气质的他倒是更像一名学者。这一天，与王卫一同亮相的还有此前因车辆剐蹭事件遭到车主掌掴的顺丰快递员、顺丰航空的一名机长和顺丰深圳客服中心的一名客服代表，他们都是顺丰公司的基层员工。这次上市仪式的敲钟环节，没有邀请业内大腕儿、社会名流，受邀担任敲钟人的正是这些基层员工。此举，符合王卫的一贯作风，体现了顺丰对普通员工的关注和认同。

这一天，王卫依然是各路媒体竞相追逐的对象。在业界，王卫出了名的低调，他不爱出风头，不喜张扬，基本上不接受媒体采访。所以，各路媒体纷纷将目光投向此次顺丰上市，希望能借此机会采访到王卫，深度挖掘顺丰及王卫背后的故事。

然而，这一次，众多媒体依旧没能如愿。办完企业上市应有的手续后，王卫没有过多停留，就大步离开了证券交易所。与以往不同的是，走进交易所的时候，他是顺丰速运（集团）有限公司的总裁；离开的时候，他多了一重身份——市值超过2000亿元的上市企业"顺丰控股"的掌门人。

"顺丰控股"上市的第一天，就受到了众多股民的追捧。当天，顺丰控股开盘价格为53.5元，不到上午11点，便以2310亿元的市值，超过万科和美的，成为深市第一大市值公司。

"顺丰控股"上市当天，热情高涨的不只是股民，还有顺丰公司的员工。通常来说，成功上市的公司都会通过举办活动或者派发福利的方式以示庆祝。此时，顺丰员工的期待心情可想而知。总裁王卫的庆祝方式很特别，他以个人名义，通过公司内部系统，给所有的员工派发了红包。这些红包总共约40万个，每个红包的数额根据员工工作年限的不同而变化，最低1888元，所有红包的总额近14亿元。值得一提的是，虽然顺丰不是第一家采用这种方式庆祝上市的企业，但是派发总额超过10亿元的，顺丰恐怕是头一个。

顺丰上市的钟声敲响之前，王卫还做了一个公开演讲，这个演讲没有长篇大论，非常简短，核心思想却非常清晰，概括起来就是"感谢、提醒、承诺"。

王卫的感谢，送给了所有与他相关的人。感谢父母的爱赋予了他生命，感谢妻子的提醒让他时刻保持清醒，感谢员工的付出成就了今天的顺丰，感谢客户的信任铸就了顺丰如今的规模，感谢政府的支持造就了顺丰的辉煌。

王卫的提醒，送给自己，送给朋友，送给员工。他提醒自己：顺丰上市后，更要谨言慎行，"有些话不能讲，有些地方不能去"。他提醒朋友："有些问题不能随便问。"他提醒员工："少说话，多做事。"

王卫的承诺，送给了顺丰的40万名员工。他郑重承诺，对员工的关爱永远不会改变。在王卫看来，没有员工披星戴月、废寝忘食地工作，就没有顺丰今天的成就。"顺丰不是我王卫做出来的，而是所有员工做出来的。不会因为上市改变对员工的关爱，而且绝对不会改变。"

这个演讲虽然简短，没有讲很多大道理，也没有喊什么口号，却是王卫发自内心的真情流露，传达出真实的感动与感恩。低调的王卫几乎从不在公开场合长篇大论，也多次婉拒媒体的采访，比起站在聚光灯下展示自己，他更喜欢在他的快递王国中，做着简单而平凡的工作。在王卫的心中，顺丰上市了，但他创办顺丰的初心不会改变，他对事业的执着不会改变。

顺丰的成功上市，无论是对公司还是对王卫，都是一个新的起点。上市前，更确切地说是在2013年顺丰引入外部资金前，王卫是顺丰唯一的股东，他主导着整个顺丰集团的发展；引入外部资金之后，顺丰不再是王卫一个人的企业，他需要更多地从公司的战略层面思考问题，做出决策。而现在，公司上市以后，做一切决定都要更加小心、谨慎，因为顺丰又多了一份责任，它满载着股民的期待。

顺丰上市，影响的不仅是企业自身的发展，还有整个快递行业的发展。从2016年开始，中国的民营快递企业纷纷开启了上市的闸门，圆通快递、申通快递、韵达快递均通过借壳上市登陆A股市场，而中通快递则在美国纽约证券交易所挂牌上市，五大民营快递企业中，顺丰是最后一个登陆A股市场的。

在顺丰控股的上市公告中，一组数据显示了顺丰的发展成效与运营能力。

从业务涵盖的地域范围来看，顺丰已经呈现出"遍地开花"的状态。全国320多个地级市、2500多个县区级城市、7800多个乡镇都有顺丰的业务。

从航空运输能力来看，截至2016年，顺丰投入全运营的货机有45架，其中自有30架，外包15架。在自有航空网络和民航航空网络构成的综合航空网络里，顺丰每日开航航班超过3200架次，覆盖24个国家和地区。

从公路运输能力来看，截至2015年12月31日，顺丰约有1.5万台运输车辆，开通了6200多条运输干线和72000多条运输支线，运输线路已遍布全国。

从"最后一公里"覆盖范围来看，截至2015年年末，顺丰已通过与顺丰商业网点、合作代理点、物业管理顺丰控股及智能快递柜的合作，与近3万个代办点、超过500个物业公司开展合作。由顺丰控股参股的丰巢科技，已在深圳、北京、上海等54个城市的9000多个小区安装运营智能快递柜。

尽管实力强劲，但是王卫深知：前行的路上仍有诸多障碍，顺丰未来的发展道路并不会一帆风顺，竞争会更加激烈——有来自国际国内快递公司的竞争，有一些大电商自办的物流体系的竞争，也有自身转型谋求增长点的竞争，等等，王卫和他的顺丰控股所要面对的问题太多太多。

在过去的20多年中，全球的快递业务量疯狂增长，而在未来，快递业务量的增长将继续保持在高位状态。国家邮政局发布的《快递业发展"十三五"规划》提出，到2020年，我国快递业务量预计将达到700亿件，相较于2015年提高3.4倍；快递业务收入将达

8000亿元，相较于2015年提高2.9倍。如何布局，如何发展，如何竞争，是每一家快递企业都不得不面对和思考的问题。从这个意义上来说，顺丰上市，就是在谋划未来。

2. 观念的转变

自2013年顺丰引入外部资金，"顺丰会不会上市，顺丰何时上市"的问题在社会上引发热议。有一种观点认为，顺丰之所以引入外部资金，就是为上市做铺垫，甚至有人断言：顺丰上市"是迟早的事"。追溯顺丰上市的历程，就会发现王卫在其中起到了主导性的作用。正是因为王卫转变观念，才有了顺丰的上市。从"不上市"到"上市"的转变，是王卫根据顺丰的发展需要做出的决策。

但是，这些说法都只是猜测。因为就王卫一贯低调的行事风格而言，人们很难从他那里得到有关顺丰上市的"有用的信息"，所以，人们只能玩一玩"猜谜"游戏。

顺丰的上市，绝不是王卫一时兴起的决策，而是顺丰战略布局的必然选择。王卫从来不打无准备之仗，上市的准备工作，顺丰做得很充足。对于此次上市，在一切尘埃落定之前，顺丰公司自当秘而不宣，至于王卫究竟何时有了"上市"的打算，当属商业机密，王卫自己不说，顺丰公司的管理层也不敢对外透露，外界自然无从知晓。

在中国的资本市场上，最不缺乏的就是"内部消息"与"小道消息"。2016年春节刚过，一则"小道消息"就开始悄悄流传：顺丰要上市了！很快，这个消息便一传十、十传百。只是，在这个"小道消息"还没有过多地发酵之际，王卫就迅速地展开了行动。

2016年2月18日，顺丰速运正式发布《上市辅导公告》，称：顺丰控股有限公司正在接受中信证券股份有限公司、招商证券股份有限公司、华泰联合证券有限责任公司的辅导，拟于国内证券市场首次公开发行股票并上市。消息一出，无疑是在广而告之：顺丰上市已成定局。但是，顺丰究竟何时上市，以什么方式上市，公告中并未提及，这就给人们留下了想象的空间。

3月15日，曾经与顺丰有过多次深度合作的上市公司红旗连锁停牌，其停牌公告中称："正在筹划可能涉及公司股权变更及合作的重大事项。"顺丰公司的关注者纷纷猜测：莫不是顺丰要借红旗连锁登陆A股？

3月16日，一则来自顺丰内部的消息显示，顺丰仓配事业部即将重新划归速运事业部，这是顺丰内部架构的又一次大规模调整。这一举动，被业界解读为优质资产注入，为上市做准备。由此可见，顺丰速运的一举一动都牵动着业内人士的心。

中国的资本市场对企业的上市把控严格，但也并不意味着上市是一件遥不可及的事。尤其是近两年来，中国上市企业的数量更是日渐增长，几乎每周都有企业踏入A股市场的大门。在这样的形势之下，顺丰的上市为什么能引起业界的广泛关注呢？

一个合理的解释是——有的人关注顺丰上市带来的显著的财产收益，有的人关注顺丰上市所引发的或明或暗的效应，更多的人则关注的是顺丰上市背后的故事：顺丰一向是快递行业的领头羊，也是快递行业中的"另类"。顺丰总裁王卫为人低调，曾多次拒绝资本的诱惑，这几年来多次对外宣称顺丰"不上市"，此次突然改变的原因究竟是什么呢？寻根溯源，我们就会发现，做出这样的选择是企业当前的发展所需。作为一家民营快递企业，顺丰有着20多年的发展历史，留给业内的印象是：这个公司很特别。规模很大，业务员很多，业务量很广，收费很高，走直营的路线，不打价格战。其业务不仅限于快递领域，还涉及电子商务和金融领域。这么大的盘子，王卫自然面临着不小的发展压力。

王卫的创业之路很特别，他从零开始，一步步将顺丰做大、做强。在这个过程中，他一直坚持自己的理想，他将顺丰看作一个平台，一个可以实现个人理想和价值的平台；他多次强调，自己做企业的目的不单单是赚钱，更多的是想让企业得到长远的发展，让一批人过上有尊严的生活。

过去，对于公司上市的提议，王卫持反对态度。在他看来，一旦上市，股价的每一次变动都将牵动企业的神经，这对企业的管理极其不利。更进一步来说，一旦上市，企业的生存环境就发生了变化，因为有了众多股民的参与，所以企业必须肩负起对股民的责任，尽量让股票价格保持上涨，如此一来，提升利润必将成为企业发展的主要目标。

王卫始终坚持着一种企业精神：做企业，心中要有目标，要踏踏实实，一步一个脚印。在企业的不同发展阶段，要敢于放手，敢于增加投入；对于企业的未来，要勇于大胆地布局。王卫的心中有个远大的愿景，那就是要将顺丰做成一家基业长青的企业。

从某种程度上来说，顺丰就是王卫的孩子，是他一手带大的孩子。顺丰初创时，王卫只有22岁，他既是老板，也是员工，他每天都骑着摩托车，穿梭于城市的大街小巷，只为尽快将货物安全送到客户手中，尽可能地与一批客户建立稳固的合作关系；在顺丰发展遭遇困境时，他抵押家产，带领顺丰渡过难关。这种深厚的感情，这种做企业的精神，恐怕是外人难以理解的。

低调的王卫做出了一家高调的企业，因此，人们对顺丰抱以极大的关注。此次顺丰将要上市的消息，更是许多人津津乐道的话题。甚至有人猜测：顺丰已经迫不及待地准备开启自己的资本盛宴了。

面对外界的种种猜测和质疑，王卫始终没有做出任何解释，因为归根结底，上市是一个企业行为。顺丰上市与否，取决于顺丰的发展阶段，取决于顺丰所面临的市场环境。多年来，独自带领顺丰在快递行业拼搏的王卫，对于"流言蜚语"，早就习以为常，无论是赞扬还是批判，都不会对他产生任何影响，他知道自己要什么，知道自己的企业要什么，对于顺丰下一步的发展战略和发展规划，他心里最清楚，转变观念、调整决策是从企业发展的实际情况出发、审时度势后的选择。

3. 投身资本市场

无论外界如何评说，顺丰上市已成事实。"上市的好处无非是圈钱，获得企业发展所需要的资金。"对于上市的好处，王卫可谓一语中的。过去，王卫坚称"不上市"，为的是不让顺丰走上"圈钱"之路。如今，王卫亲自将企业推向资本市场，为的是"获得企业发展所需要的资金"。或许，王卫自己的一句话，"我没有条条框框，一切都回归到'面临什么问题，需要什么东西'"，可以看作对这种转变的最好注解。

事实上，任何一家企业在不同的发展阶段都应当采取不同的发展策略。自创办至今，顺丰已经走过二十多个年头，其间遇到的问题和困难，数不胜数。但是，遇山修路，遇河搭桥，办法总比困难多。

2013年以前，顺丰是"独善其身"的，王卫不接受任何资本的渗入，无论是谁，意图接近顺丰、参股顺丰甚至收购顺丰，都会被王卫毫不犹豫地拒绝。在顺丰发展极度艰难的时期,王卫先后9次将公司的相关物产做抵押,向银行贷款,坚持不融资。2008年,金融危机来临时,顺丰面临极大的风险,甚至已经徘徊在倒闭的边缘,王卫还是拒绝了融资。经过这些年的努力,顺丰有了充足的现金流,也有了很大的影响力。据《2015年中国物流企业50强名单》显示,顺丰速运以物流收入257亿元位列第十,是榜单中唯一一家进入前十的快递企业。企业的运营需要巨大的资金支持,相对于加盟式企业,实行直营经营模式的顺丰,对资金的需求更为庞大。如果始终坚持远离资本市场,未来的发展将难以预测。因此,走向资本市场,是顺丰必然的选择。

任何事情的发生都可以寻根溯源,找到前因后果。促使王卫放弃坚守多年的"不上市"初衷的,是顺丰发展所面临的国内外环境的变化。

2007—2009年,全球经济市场爆发了不同程度的经济危机,当时,顺丰也几近倒闭。此次事件过后,让王卫开始重新思考资本的价值,渐渐地接受了资本投入。

2013年,王卫迈出了融资的第一步,首次引入元禾控股、招商局集团、中信资本、古玉资本四家企业,打破顺丰以往单一的组织架构,出让顺丰不超过25%的股份,接受总额为80亿元人民币的资本。尽管如此,顺丰依旧声明"无意上市"。

时隔三年,王卫放弃了"不上市"的坚守,转而向资本市场靠近。此举是迫于外界的压力，还是早有此意？如果从当时的国际、国内环境来分析，基本上能找到答案。

一是快递行业的"暴利时代"已经结束。快递行业曾经是一个"暴利行业"，让最早进入这个行业的一些企业赚得"盆满钵满"。随着社会的发展，进入快递行业的企业越来越多，大的企业如马云的阿里巴巴和淘宝网，刘强东的京东商城，等等，都在建立自己的物流体系，行业竞争越来越激烈，行业利润也因此被进一步分摊，从而引发业务量不断增长，利润却在下滑的行业怪象。举一个简单的例子：2005年，往某一地点发送一件物品，需要支付27.7元的快递费用；到了2015年，同样的一单业务的快递费用不升反降——只需要13元。10年时间，快递费用下降了一半，而与此同时，快递行业的人力成本和运营成本却增长了一倍，如此，即便快递业务量越来越大，也没有带来相应的高额利润。

二是快递行业面临洗牌。在快递业发展初期，由于缺乏规范的市场监管机制，在高额利润的引诱下，人们纷纷注册成立快递公司，其中不乏依靠价格竞争渔利的中小型快递公司，这造成了快递行业的"小、散、乱"，服务质量无从保证。随着行业的发展，许多小型快递公司面临被收购或者兼并，甚至倒闭的风险；而一些大型快递公司同样肩负巨大的压力，尤其是近些年，国际快递巨头纷纷进入中国，抢占中国的快递市场，国内快递行业大洗牌成为必然。

三是快递行业的竞争由价格竞争转向资本竞争。在中国，快递行业的竞争是十分激烈的，除了一些大型的外资企业，中国本土的国营快递企业EMS，民营大型快递企业如申通快递、圆通快递、中通快递等，还有许多不知名的小型快递企业，都在争夺市场份额。在这种境况下，一些民营大型快递企业开始将目光转向资本市场：2016年10月20日，圆通快递成功借壳上市；12月30日，申通快递成功借壳上市；2017年1月18日，韵达快递成功借壳上市；2016年，中通快递也在美国纽约交易所成功上市。相较而言，顺丰是几家大型民营快递企业中最后上市的。曾经，王卫恪守"不上市"的原则，如今，迫于形势，他只能改弦易辙。

4. 首次融资

在谋求资本成长的道路上，尽管有些不舍，王卫依旧为了顺丰的发展走上了"上市"之路。对此，王卫一再强调，"上市不代表上岸"，顺丰将一如既往，将企业做大做强。为此，王卫做出了很多改变。2013年，顺丰首次进行融资，这就是在为上市做铺垫。

王卫是一个有"资本洁癖"的人，在2013年以前的20年里，他一个人默默地谋划公司的发展。顺丰的发展势头引起了很多著名资本的关注，然而无论是提出入股顺丰，还是买断顺丰，无一例外遭到了王卫的拒绝。王卫对待资本的态度向来如此，被人们视为"特立独行的另类"。

直到2013年，王卫的态度才发生转变。这一年，顺丰决定接受融资，对于融资这件事，王卫并没有一开始就对外公布具体的方案，王卫沉默，顺丰公司上下也对此三缄其口，王卫到底选择了哪家资本，融资的数额是多少，外界只能猜测。

但是，当事人选择沉默，并不代表媒体也会选择沉默，媒体方最先传出的消息是：有三家机构参与顺丰的融资，分别是苏州元禾控股、招商局、中信资本。后来，还有人指出，参与此次顺丰融资的投资方不是三家，而是四家，第四家公司是古玉资本——一个名不见经传的企业，原本是顺丰的融资顾问。

对于这些能够融入顺丰的资本，人们表现出一种好奇与惊叹。究竟是什么样的资本能让王卫放弃坚守了20多年的"不上市"原则呢？

以下是这四家投资公司的部分背景资料——

苏州元禾控股有限公司，成立于2001年，注册资本30亿元，业务覆盖股权投资、债权融资和股权投资服务三大板块，管理着210亿元的资金规模。截至2013年6月，元禾控股共投资204个种子期项目，61个成长期项目，42个成熟期项目。

中信资本控股有限公司，成立于2002年，核心业务包括私募股权投资、房地产基金、结构融资及资产管理，在东京、纽约、中国香港、上海、深圳等多个城市设有子公司或办事处。

招商局集团，是一个大型企业集团，总部设于中国香港，其业务在东南亚等地区极具活力和潜力的新兴市场多有分布。截至2012年年底，该集团拥有总资产3920.83亿元，管理总资产3.59万亿元，利润总额263.15亿元，母公司净利润146.22亿元，集团利润总额在中央企业中名列第十。

古玉资本成立于2011年年初，是一家公司制股权投资机构，曾投资过和顺环保、盛科网络和拉卡拉等十个项目，资金规模不详。

此次融资，顺丰给予四家投资公司不超过25%的股权，获得近80亿元投资金额。

融资成功后，王卫对外界盛传的"顺丰融资即准备上市"的说法予以否定。此时的王卫坚称，顺丰暂时没有上市的打算，且一再强调，这是一个"以顺丰为核心的多元化资本结构"。多元化，正是顺丰未来要走的路。

企业发展到新的阶段，必将面临新的问题，这时企业需要改变经营思路，与时俱进。自公司成立以来，作为民营快递龙头企业的顺丰一直保持30%左右的增长速度，但是，对于公司的发展，王卫仍然时时有一种危机感。

到了2013年，快递行业开始了频繁的资本交流，据此将2013年称为快递行业的"资本年"也不为过。2013年1月，城市100快递被快捷快递收购，优速快递接受私人注资，原中通快递广东省加盟商吴传荣控股快捷速递，原汇通快递董事长徐建荣以3000万参股能达快递，力鼎资本、鹏康投资、凤凰资本入股全峰快递，红杉基金、金石基金入股中通速递。此外，快递行业还出现了新趋向，电商与互联网公司纷纷涉足快递行业：阿里巴巴建立国内智能物流网络菜鸟网，腾讯开始布局人人快递。这些新事物改变着快递市场的格局。

  作为民营企业，顺丰缺乏深厚的根基，要想做大做强，更上一个台阶，就必须引入外部的力量，走全球化道路，走出国门，走向世界。此次融资，将股权多元化，正是顺丰提升企业的现代化管理水平，推进全球化发展的一次尝试。

5. 借壳上市，是无奈，也是必然

2013年，顺丰引入四家具有国有背景的投资机构之后，业内一直关注顺丰的上市举动。尽管王卫一再强调"顺丰不上市"，然而这并不能消除人们对其上市的期待，甚至有人断言：顺丰一定会上市，而且时间不会太晚。

正如人们所料，2016年，顺丰对外公布上市计划，终于走上了上市的道路。

顺丰上市，走的是"借壳"的道路。何谓"借壳"？通俗点说，就是借助另一方的力量达到企业上市的目的。顺丰的借壳上市，是通过证券市场，购买一家已经上市的公司的一定比例的股权，来取得上市的地位，然后再向其注入自己的有关业务及资产，以此实现间接上市的目的。借壳上市的好处是，非上市公司可以利用上市公司在证券市场上融资的能力进行融资，为企业的发展服务。2016年，一部分大的民营快递企业已经通过"借壳"的方式成功上市。

顺丰借的"壳",是"鼎泰新材"。顺丰控股在资产注入中作价433亿元,此次借壳上市共募资80亿元。80亿元,当初顺丰所接受的业外资本也是这个数目。此次融资,将主要用于航材购置、信息服务平台建设、冷运设备采购和中转场建设,王卫的目的是进一步提升快递服务质量。

顺丰此番借壳上市,从一个侧面表明,王卫正在探索利于顺丰发展的方式。近几年,快递行业竞争激烈,面对行业变革,作为一家快递企业,顺丰要借助资本市场的力量谋求转型,以变谋变。

一直以来,顺丰立足于中高端市场,以商务件派送为主要业务。经过多年的发展,顺丰凭借稳定、高效、优质的派送服务,牢牢掌握了商务件派送市场的话语权。但是,商务件的市场容量并不大,加之近年来受经济形势的影响,国内商务件业务的增长面临很大的挑战,与此同时,申通、圆通等快递公司正依靠价格优势蚕食顺丰的优势业务。在此情形之下,顺丰开始放眼国际,将眼光投向冷链物流市场,并由此加大在航空运输领域的投资,建机场,买飞机,顺丰的投资总额高达200亿元。巨额的投资,给顺丰带来了一定的压力。以2015年的统计数据为例,这一年,圆通和申通的营业收入分别是117.4亿元和77.1亿元,而顺丰的营业收入达到482亿元,但在净利润方面,三方的差距并不大。圆通和申通的净利润分别是7.17亿元和7.6亿元,而顺丰的净利润是19.6亿元。

截至2015年年末，顺丰短期内可用于支付的款项仅141.53亿元，对于采用直营管理模式的顺丰来说，有着潜在的风险。此外，顺丰近几年在电子商务领域的探索，花费了大量资金，却还没有盈利，为了弥补资金缺口，顺利完成转型与发展，顺丰必须将上市提上日程。

在企业的发展过程中，无论是规模扩张，还是战略转型，都需要资本的支撑。当前正是快递行业转型的紧要关头。圆通快递的创始人喻渭蛟坚信，2017年中国快递行业将正式进入整合时代，他曾断言："快则五年，慢则五到七年，现在国内的这些物流公司都会相继进行重组整合。"把握这个时间节点，是所有快递企业的头等大事。

曾有人发问：以顺丰的经济实力，为什么不单独申请上市？为什么要采用借壳的方式？对此，业内人士的解读是：目前，国内任何一家快递公司所拥有的资金都不足以独自应对高速发展的快递行业，因此，借壳上市无疑是最好的方式。顺丰曾在一封公告中称："在竞争日益激烈、行业整体毛利率下滑的背景下，快递企业需要外部资金，以完成向重资产型企业和综合物流服务供应商的转变。"由此可见，进入资本市场，通过公开融资获取发展资金已经成为快递企业的共识。

6. 他超越了曾经的华人首富

借壳上市，不仅使顺丰获得了未来发展所需的资金，还给创始人王卫带来了意想不到的收获。

2017年3月7日，胡润全球富豪榜揭晓，顺丰总裁王卫以1860亿元身家排在第25位，相比2016年，排名上升了305位，位列大中华区第三，而王健林家族和马云分别以2050亿元、2000亿元位列大中华区第一位、第二位。值得关注的是，香港首富李嘉诚以1750亿元排名第四，在王卫之后。

与往年的不同之处是，在这份榜单中，前100名中有20人是新进入的，而在这20人中，最引人注目的就是46岁的顺丰掌门人王卫，他是榜单上当之无愧的黑马。胡润指出："电商的崛起带动了快递行业的迅速发展。"是快递业的飞速发展造就了王卫。快递行业的飞速发展带动了快递企业的繁荣，而对于王卫的财富的快速增长，贡献最大的当数顺丰上市。自2017年2月24日顺丰借壳上市后，连续几日涨停，在资本市场上占尽风头，创始人王卫的财富也因此迅速膨胀，超过了香港首富李嘉诚。

在香港人的眼中，李嘉诚是躲不开的存在，因为在香港，人们的衣食住行几乎都与李嘉诚相关。从1999年开始，李嘉诚就一直是香港首富，至今，已有近20年。

2017年，王卫通过顺丰上市，书写了一个关于财富的新传奇。随着顺丰的上市，网上有关顺丰和王卫的消息铺天盖地。顺丰上市当天，有媒体这样写道："在2016年度福布斯中国富豪排行榜中，王卫排名第四。据媒体统计，如果顺丰控股接下来再收获1次涨停，王卫即可超越马化腾，跃居第三名；如果连续收获3次涨停，即可超越马云；而5个涨停之后，王卫就可成为中国首富。"

此后，类似于"王卫离中国首富还差5个涨停"的标题屡屡出现在媒体的报道中，抢占了人们的眼球。当然，质疑的声音也不在少数，在一些人看来，王卫的身家有"很多水分"，虽然顺丰控股的总市值高达2736.13亿元，但实际流通值却只有83.46亿元。

在中国的资本市场上，股票交易的价格是时时变动的，企业的总体财富随着股价的起落而相应升高或降低。所以，这种对于"身家"与"中国首富"的讨论，其实际意义并不大。不过，值得注意的一点是，在2017年胡润全球富豪榜上排名前十的富豪中，除王卫以外，年纪最轻的是63岁的郭炳联，而李嘉诚更是已经88岁高龄，王卫则只有46岁，还相当年轻。

王卫是如何在较短的时间内累积起巨额财富的呢？"男怕入错行，女怕嫁错郎"，对于创业者来说，行业的选择非常重要。王卫最初创业的时候，就是看准了市场的需求，找准了时机，不畏艰难，进入当时不被世人看好的快递行业，才由此赚取了人生的第一桶金。顺丰刚刚成立时，其业务主要集中在广东和香港，两地之间频繁的贸易往来，为顺丰提供了一个庞大而稳定的市场，让王卫完成了最初的资本积累。在经营顺丰的过程中，王卫立足市场，首先在珠三角打下根基，然后将业务范围从珠三角逐渐拓展至全国，凭借"从客户的需求出发、提供优质服务"的经营理念，顺丰的竞争力得到极大的提高。网络购物兴起的时候，顺丰凭借在客户群中良好的口碑，顺利挺进2C的高端市场。

"识时务者为俊杰"，创业者王卫除了有精明的头脑，更有过人的胆识。王卫没有将公司设在香港，而是将广东顺德作为顺丰的起点，实在是明智的选择，试想，如果在香港那样一个人口不足千万的城市开设快递公司，那么即使包揽广东和香港之间所有的快递业务，也很难支撑起顺丰今天的规模。当时，为了将公司开在中国内地，王卫成为深圳市民，并将顺丰速运从一家港资独资企业，转为一家注册在深圳的内地企业。

可以说，如果没有长远的眼光、精明的头脑和过人的胆识，就没有如今市值近3000亿元的顺丰。

7. 将中国快递业做大做强

顺丰上市后，王卫财富暴涨，身家超越李嘉诚……对外界的这些声音，王卫本人并不十分在意，他不会因为企业上市而有任何改变，如果说要改变，那就是更加"谨言慎行"。作为一个特立独行的人，王卫对别人眼中的顺丰和自己并不在意，他只想将顺丰做大做强，将中国的快递业做大做强，这是他的理想，也是他极致的追求。

综观顺丰20多年的发展历程，王卫一直在为这个理想而努力，其中有几件影响企业发展的大事值得一提。

一是确立新的运营模式。

在国内快递行业中，除了EMS，顺丰算得上是目前唯一一家还在实行直营制的快递企业。几乎与它在同一时间成立的宅急送最开始也是直营模式，后来在发展的过程中转向网络加盟和直营并举。不过，顺丰也不是从一开始就实行直营制的，在将顺丰由加盟制转向直营制的过程中，王卫的果断、坚毅与执着可谓一览无余。在顺丰成立初期，加盟制也曾为顺丰的发展立下"汗马功劳"。1996年顺丰走出广东，向全国快递市场进军的时候，就是依靠加盟制才迅速占领快递市场。后来，随着国内快递业的发展，加盟制弊端渐显，一个又一个的加盟商形成"诸侯割据"，毁坏了顺丰速运的形象，王卫面临自己多年心血"付诸东流"的危险。在这样的形势之下，王卫当机立断，收回原本分散的权力，将经营模式由加盟改为直营。

"加盟改直营"，说起来只有简单的5个字，但是做出这一决策却需要有很大的勇气。由加盟制改为直营制可谓困难重重，直营制是一种十分"烧钱"的经营模式，当时国内还没有完全采取直营制的民营快递企业，在国内快递市场激烈的竞争中，即使顺丰顺利转型，发展前景也难以预料，更何况加盟顺丰的公司业已成为一方"土霸王"，他们会乖乖交出手中的权力吗？

这些，王卫不是没有想到，但是为了顺丰速运的长远发展，他必须这么做。不出所料，加盟商不想轻易放弃嘴边的"肥肉"，采用各种办法顽强抵抗，王卫的"收权"运动阻力重重。但越是困难，王卫越是不放弃，最终，他的勇敢与果断，帮他完成了对顺丰运营模式的彻底改造。

对此，有人认为加盟商曾为顺丰的发展做出过很大的贡献，不应当"一刀切"，王卫此举有几分"过河拆桥"的意味。但事实并非如此，王卫并非"过河拆桥"之人，他要收回的，是对顺丰速运的管理权；他要改造的，是顺丰速运的运营模式。既然决定改造，那就必须彻底。此次改制，王卫采用了高额收购的方式，加盟商在资金上绝对不吃亏，从这一点来看，王卫称得上有情有义。

二是布局航空运输。

顺丰将经营方式由加盟制转为直营制迈出了规范化发展的第一步。实行直营制有利于营造顺丰的品牌形象。这时的顺丰在全国已有近200处快递网点，面对如雪片一样飞来的快件，仅仅依靠顺丰当时的运输能力，已经渐渐有些吃力。于是，王卫萌生了一个大胆的想法：用飞机送快递。不得不说，这又是一个超前而又有争议的决策。用飞机送快递，那得耗费多大的成本？在当时的国内快递市场上，除了国有企业EMS，还没有哪家快递公司敢用飞机作为运输工具。王卫的这一想法实在冒险。

2003年，王卫包下了国内一家航空公司的5架货运飞机，开始用飞机运送快件。事实证明，这一步棋走对了。依靠飞机运输，顺丰在快件运送速度上创造了一个又一个"神话"，像异地发件，快递公司当天收件，快件第二天送达，这种其他快递公司连想都不敢想的事，顺丰做到了。这种高效的运送服务为顺丰带来了源源不断的客户，大大助推了顺丰的发展。看到用飞机运送快件给公司带来的改变后，王卫将购买飞机提上了日程。购买飞机，组建自己的航空公司，从"输血"到"造血"，王卫一步步打造他的"快递帝国"。2009年，顺丰自己的航空公司获得民航总局批准，正式投入运营，从此，顺丰进入了一个新的高速发展期。

三是顺丰上市。

在这件事上，王卫着实经历了一个思想转变的过程。多年以前，对于顺丰上市，王卫是坚决拒绝的，不仅如此，王卫对外部资金也一直十分排斥，但是随着市场经济的发展，快递行业的竞争不断白热化，王卫开始转变观念，他不再排斥外部资金，也不再排斥上市，他开始认识到资金的价值所在。2013年，顺丰首次敞开怀抱，引入了元禾控股等四家公司投资，核心资源力量得到进一步强化。

不固执己见，能够顺势而为，正是王卫的过人之处。王卫所布局的每一步，都是为了将顺丰做成一个基业长青的企业，为了顺丰的长远发展，为了顺丰更大、更强。

对于快递行业的发展，国家也做出了相应的规划。2017年年初，国家邮政局发布《快递业发展"十三五"规划》，《规划》中提出，要"积极打造快递航母"，到2020年，要形成3～4家快递企业集团，这些集团的年业务量将超百亿件，收入将超千亿元。同时，还要培育两个具有国际竞争力和良好商誉的世界知名快递品牌。显然，顺丰速运在未来的快递行业竞争中仍然占有绝对的优势，而王卫将顺丰做大做强的目标也与国家将快递业做大做强的理念相契合。

02

落地生根的顺丰

EXPRESS

1. 高中毕业的"水货佬"

王卫不是那种外貌让人印象深刻的男人。中等身材，大众化的平头，颧骨突出，戴一副黑色眼镜，脸庞瘦弱，看起来文质彬彬，让人很难相信他就是顺丰控股的总裁。可是，见过王卫的人，哪怕只有一面之缘，也无法忽视他的存在。他们说，王卫的眼神锐利如鹰，看那眼神，就知道他是一个有故事的男人。

这个眼神锐利的男人是如何创办顺丰快递的呢？又是靠什么支撑起顺丰的飞速发展？越来越多的人开始关注王卫，关注他和他的顺丰背后的故事。1971年，王卫在上海出生，按照现在的话说，他是一个实打实的"70后"。与他同一年出生的，还有在互联网行业开疆拓土的两个响当当的人物：腾讯公司创始人马化腾、网易公司创始人丁磊。

王卫的家庭称得上是"书香门第"。王卫的父亲是一名空军俄语翻译，母亲是一所大学的老师。按照常理，这种家庭的孩子，大多有一份不错的学历，而王卫却是一个例外。7岁的时候，王卫同父母一道，举家移居香港，到香港后，王卫一家的生活遭遇了巨大的改变。当时，香港不认可内地的学历，为了维持生计，王卫父母二人只能去工厂做工，赚取微薄的收入，家庭收入骤减，使得王卫一家的生活十分艰难。高中毕业后，家境贫困的王卫没有选择走入大学校园，而是选择进工厂，成为一名不起眼的小工。这在当时的香港社会中是十分普遍的现象，身处商业氛围深厚的时代，提前步入社会赚钱是很多和王卫同龄的人的选择。早早步入社会，对王卫来说也是一种历练。尽管工作很辛苦，王卫还是对未来充满期待。在做小工的过程中，王卫还尝试做生意，虽然那些尝试都以失败告终，但王卫却在失败中越挫越勇。

到了20世纪90年代，中国内地已经发生了翻天覆地的变化，市场经济已经初步建立，一些沿海城市借改革开放的政策迅速崛起，处处是商机。在政策的推动和影响下，香港人开始到内地投资设厂。相关数据显示，这一时期，珠三角地区设立了5万多家工厂，工厂主基本上是香港人，而同期其他地区也有3万多家由香港人开设的制造工厂。这个时候的王卫，只身来到广东顺德，做起了印染生意。虽然这次尝试没能带给王卫金钱上的收获，但却使他发现了一个隐藏的商机，这个机会让他很快改变了自己的命运。

按照社会经济发展规律，大规模的产业迁移往往会催生一些新的商业需求。在珠三角设厂的大部分企业，都属于"前店后厂"式的制造业，即内地制造，香港销售。具体来说，就是企业需要将自己在内地工厂制造的样品寄给香港的客户，客户如果对样品满意，就会跟企业签订订单，在这之后，企业才能大规模地投入生产。这样的一个流程就直接导致了香港与珠三角之间往来信件和货运量的激增。当时中国政府还未对香港恢复行使主权，香港与内地虽然仅一江之隔，却分属不同的关税区，因此两地间的邮递十分缓慢，信件与货物运送成了一大难题。在这种情况下，一些企业想到托熟人运送的办法，他们差人在码头边守候，遇到认识的人，就给他适量的"运送费"，拜托他将少量样品捎到香港，这种运送方式既快又准，渐渐成为许多企业运送样品的首选方式。

王卫也曾接受类似的委托，考虑到是朋友之托，他并不收取任何费用。有一次，他的拉杆箱已经装满了，但还有一些样品没有塞进去。正在思考该如何处理的王卫，脑中突然闪过一个灵感，他意识到，赚钱的机会来了。市场的需求这么大，为什么不利用自己的优势成立一家送件公司，专门提供运送服务呢？

王卫将这个想法告诉了自己的父亲，父亲当机立断，拿出了他们当时的全部家底——10万元人民币，正是这10万元启动资金，催生了后来的顺丰。

1993年3月26日，王卫用从父亲那里借来的10万元在广东省佛山市顺德区注册成立了一家快递公司——顺丰速运，这一年王卫只有23岁。

创立初期的顺丰，其业务只有一项，那就是顺德与香港之间的即日货物速递。那时，算上王卫，整个顺丰公司只有6名员工，速递业务庞大而烦琐，他们每个人都要承担接打电话、地址记录、上门取件、装卸货物、发送快递等一系列工作。在货物运送环节，由于买不起运货车，他们只能背上大背包，拉着拉杆箱，频繁往返于顺德和香港两地，也由此得到一个外号——"水货佬"。

2. 靠"人肉运输"的特快专递

机遇是时时存在的，就看你能否抓住。社会经济的转型和发展会催生一系列新的需求、新的机遇，抓住了这些机遇，就抓住了成功的可能。

今天，在中国很多城市的街道上，我们都能看到一辆辆车身烙印白色"SF"字母的黑色电动三轮车急速穿行；如果我们仔细观察往来奔走的行人就会发现，他们中有不少人腋窝下挟着印有"SF"字样的大信封。顺丰速运，这家初创于广东顺德的民营快递企业，已然成为与许多人的生活紧密相连的部分，没有人会想到，当年仅靠"人肉运输"快件的顺丰竟然能取得这样的成就。

顺丰刚刚成立时，王卫与其余5名成员组成了一支运输小队，他们的分工是这样的：头一天，几名业务员出去收件，寄件方将需要运送的货品交给业务员，由他们带回公司进行整理，第二天一早，王卫负责将整理好的货品携带出境，送至收件方，并从当地收取一些快件，以同样的方式带回广东。他们每日起早贪黑，奔波于大街小巷，哪家公司有货品要运送，只要一通电话，他们就会立刻骑着摩托车上门取件，同一条街道他们不知一天要走多少回，有时候刚刚从一条街出来，又有那条街上的客户打来电话要求运送货品，他们就得立马折回去，不论是酷暑还是寒冬，他们未曾迟疑。就在这一来一往之间，王卫和他的运输小队凭借快速、准确、安全地送件赢得了一定的名气，通过老客户的口口相传，知道他们的人越来越多，很快，王卫就开辟了新的运送线路：番禺—香港、香港—澳门。

依靠"人肉运输"，王卫和他的运输小队赚得了创业的第一桶金，他们的成功吸引了一大批跟风者，一时之间，"水货佬"在快递行业大量涌现出来。随着越来越多的快递公司的成立，行业竞争越发残酷，对此，王卫没有坐以待毙，他想出了"低价揽件"的对策。这也正是王卫的高明之处，因为当时的快递公司都是以携带的方式运送货品，彼此的运送速度相差不大，服务质量也相差不大，唯一能够有所差别的就是价格，此时如果想要争夺市场，就必须用价格优势吸引客户——别的公司发件需要收取客户100元人民币，顺丰就只收70元人民币；别的公司收70元人民币，顺丰就只收40元人民币……降低了价格，但是运送速度和服务质量却没有改变。就这样，依靠"低价"策略，顺丰又吸引了一批客户，其业务量大增。

顺丰发展到这一阶段，王卫的团队得到进一步扩大，这列靠"人肉运输"的"特快专递"已经为顺丰未来的发展积累了一定的资本，也为王卫开创更大的事业打下了良好的基础。王卫心里清楚，现阶段的顺丰还只是一家小得不能再小的公司，他们没有先进的交通工具做招牌，也没有强大的资本做后盾，他们所能做的就是通过私人携带的方式来运送货品；当顺丰发展到下一阶段，将拼体力的私人携带的运送方式，转变为更规范化的运送方式成为必然。

3. 抛弃"携带"，开启系统化模式

顺丰速运初步创立时，并不像现在这样正规，那个时候的顺丰，更像是一支"草根部队"，他们没有统一的企业标识，没有统一的工作服，也没有统一的运输工具，一切都显得杂乱无章。在员工数量很少、业务量巨大的情况下，王卫和他的团队只得采取"携带"运送模式，依靠"人肉运输"，艰难前行。多少个深夜里，顺德城区的街道上万籁俱寂，顺丰速运的屋子里，王卫和他的团队还在昏黄的灯光下加班加点。

毫无章法、各行其是，不仅是创立初期顺丰的真实写照，也是刚刚兴起的整个快递行业的缩影。由于监管机制不完善，行业门槛较低，大量从业者如潮水般涌入，快递行业的竞争越发激烈。随着快件数量的激增和整体业务量的不断扩大，王卫开始意识到，"携带"式运输不是长久之计，顺丰要发展，就必须走向正规化经营，走向

专业化经营。王卫决心抓住市场和政策调整的机会，帮助顺丰变"携带"模式为系统化模式，"洗心革面"，从而在未来的市场竞争中立于不败之地。

顺丰系统化模式的建立主要分为两步：第一步，摒弃私人"携带"的运送模式，将零散的快件集合起来，统一包装快件，统一发货，统一派送，展开流水线作业，开启专业化发展之路。第二步，扩大运送网络，走出广东省内的市场，向长三角地区、西南地区，乃至全国范围内的快递市场进军。在系统化的运营模式下，顺丰的业务量不断攀升，这时，新的问题出现了，为了在激烈的"厮杀"中取得胜利，许多快递公司先后投入价格战，顺丰在这样的局面中该如何定位、如何布局？提价、提速，这是王卫给出的答案。

提价，顾名思义就是提高货品的运送价格，对于同样的一个快件，如果以前的运送价格是15元，那么现在就要将它提至20元；提速，就是提升运送速度，对于一个快件，如果别的快递公司需要两天才能送达，顺丰就要将时间缩短至一天半。采用这种策略的结果如何呢？答案是提价不但没有造成不良的影响，反而让顺丰迎来了又一次的成功。运送速度的提升彻底征服了客户，因为在客户看来，只是多花5元钱，就大大缩短了收货时间，这绝对是"物超所值"的。一时之间，大量紧急的快件纷纷涌向顺丰速运，很多大企业慕名而来，与顺丰速运达成合作伙伴关系。

王卫深知，作为一家民营企业，顺丰要想获得长远发展，就必须在遵守运营规则的前提下,尽可能地熟悉国家的政策环境,紧跟国家的大政方针。因此,在提价、提速之外,他主动出击,与有关政府部门建立了良好的关系,这个举措不但为顺丰带来了丰厚的利润,而且为顺丰的未来发展做了良好的铺垫。在王卫的精心筹划下,当许多快递企业面临兼并、被迫倒闭的时候,顺丰却保持着旺盛的生命力,持续散发出朝阳般的迷人魅力。

4. 守成还是扩张,这是一个两难的抉择

选择和努力,哪一个更重要?这是一道答案并不唯一的选择题。事实上,在不同的条件下,两者是可以互相转化的。顺丰的成功,就是王卫选择加努力的结果。在选择方面,王卫选择的快递行业,在当时来说是一片蓝海,市场方面已经产生了需求,但是相应的行业供给没有跟上,在这种情况下,要抓住发展的关键点相对容易;在努力方面,王卫为顺丰的付出有目共睹。

1996 年,在王卫的领导下,顺丰经过三年的积累,在深港货运市场势如破竹,业务量一路遥遥领先。这个时候,顺丰迎来了一道关系着自身发展的选择题:是安于现状,着力巩固已有市场,还是积极进取,向外开辟新的市场?

这个问题在顺丰内部引发了激烈的争论,形成了两种主要观点:一种观点认为,广东是顺丰的大本营,经过三年的发展,顺丰已经

在广东和香港的货运市场上站稳脚跟，下一步应当做的就是巩固并强化这一市场，这样顺丰不仅能够获取充足的业务量，获得较高且稳定的盈利，还能保证较为安稳的发展环境。另一种观点则认为，顺丰应当走出去，走向外扩张的道路。当前虽然已经取得了不小的成绩，但毕竟只是局限在广东一带，走出去虽然有风险，但是，"无限风光在险峰"，有风险，才能取得更大成就。

两种观点都有道理，选择哪一个都在情理之中，到底该如何抉择，这个难题又抛给了王卫。

这个时候，王卫必须思考的是：顺丰成立仅三年，资历尚浅，无论是在人力方面，还是在资金方面，都不占有最大的优势，如此短暂的积累，能承受住在大规模的向外扩张吗？如果此时将触角伸得太长，会不会得不偿失甚至血本无归？

很快，王卫做出了决定：闯！无论如何都得走出去，顺丰不能仅仅固守广东这一片天，全国的市场那么大，如果连闯荡的勇气都没有，还谈什么理想？

1996年，顺丰在成立三年后，迈出了扩张的步伐，开始向全国的快递市场进军。对于向外扩张的第一步，地点的选择很重要，王卫将目光投向了上海市、江苏省、浙江省三地，这三地归属长三角经济带，是中国最发达的地区，经济发展速度快，经济总量大，具有很大的发展潜力，最适合快递业生存、发展。在当时的快递行业曾流传着这样一句话"得华东者得天下"，此三地的重要性可见一斑。

　　王卫的眼光不差，但是，同样有眼光的快递公司也并不只有顺丰一家。在王卫注册成立顺丰速递的1993年，浙江人聂腾飞和詹际盛在杭州注册成立了申通货运代理有限公司。当王卫带领顺丰在广东的快递市场上拼杀的时候，聂腾飞也正带领申通布局长三角的快递市场，且发展势头猛烈。1995年，申通快递的业务范围已经延伸到浙江的宁波、金华等地；到了1996年，则进一步扩张到南京和苏州，在长三角地区的快递市场上呈现出垄断的态势，顺丰要想入驻长三角地区，分一杯羹，申通快递将是它最大的竞争对手。

　　面对强大的对手，王卫没有退缩，经过认真分析后，他发现，申通快递虽然发展迅速，但也同样面临竞争的压力。当时，长三角地区的快递行业还未形成规范的监管机制，市场竞争较为混乱，顺丰有机会也有可能在这个市场中占有一席之地。

　　带着这个发现，王卫信心满满地带领顺丰开始向全国市场迈进。顺丰应该采用哪种运营模式占领市场呢？对于长三角地区的快递市场，王卫一如既往地选择了直营模式。但是，很快问题出现了：直营网点的建立需要大量的资金和人力，而当时的顺丰在较短的时间内并没有足够的设立直营网点的资金。痛定思痛，王卫决定向申通快递学习，以代理加盟的模式快速打开市场。在王卫看来，这是短期内最有效的扩张方式。

　　相比直营，代理加盟这种模式更易于操作，顺丰不需要付出太多的资金和人力，只需向加盟商提供自己的商标和品牌。在这种模式下，顺丰的扩张之路走得很快，因为在一定程度上，许多加盟商争相加入顺丰，希望借助"顺丰速运"这块亮眼的"招牌"在快递市场上分得属于自己的一块蛋糕。

事实证明，采用代理加盟的确是帮助顺丰迅速打开国内市场最行之有效的运营模式，短短两年，顺丰在长三角地区的快递市场站稳了脚跟，并在此基础上进一步敲开了华中、华南快递市场的大门，顺丰由此进入加速扩张的时代。但是，代理加盟的运营模式也存在很多弊端，当时的顺丰没有成立自己的总部，各家分公司虽然都直属于顺丰的运营网络，却各自独立，自负盈亏。由于缺乏整体规划，顺丰在各地的网点分布并不均衡，在一些经济相对发达的省份，县城里都能找到顺丰的网点；而在经济相对落后的省份，其网点分布则相当稀疏。到了2002年，顺丰已经拥有180多个快递网点，这些网点共同构成了一张覆盖全国大多数地区的网络，虽然顺丰的主要业务还集中在香港、深圳等地，但是，此时的顺丰已经在华北、华南快递市场闯出名气，这就为进一步扩张打下了坚实的基础。

5. 危机中的转机

2002年，王卫租下位于广东省深圳市福田区的万基商务大厦，在那里设立了顺丰总部，经过近10年的发展，已经成长为大型民营快递企业的顺丰速运，在全国范围内拥有180多个网点，实力雄厚。此时的顺丰，步入了发展的快车道。

正当王卫和他的团队意气风发，欲大展宏图之际，一场风波悄悄地来临了。2002年，广东顺德出现了首例"非典"疫情。"非典"，即非典型肺炎，又名"SARS"，是一种由SARS冠状病毒引起的急性呼吸道传染病，具有很强的传染性，危害严重。2003年，"非典"疫情大规模暴发，遍及全国。在那段时间里，谈起"非典"，人人色变，为预防感染，人们大多选择待在家里。

由于首例"非典"疫情发生在广东顺德，需要频繁地与人打交道的快递行业将不可避免地受到疫情的冲击，而起步于广东顺德的顺丰速运首当其冲。这让人不禁为顺丰"捏了一把汗",此次危机,王卫将如何应对?

众所周知,衡量快递企业发展情况有两项主要指标:一是速度,二是服务。从一定程度上来说,哪家快递公司的运送速度快、服务质量好,哪家快递公司就更有竞争优势,更容易战胜对手。通常,只有在对快递公司的快件运送速度感到满意的前提下,客户才会关注服务质量,所以在速度和服务这两项指标中,速度才是快递企业决胜的根本。在整个快递行业,各快递公司的服务质量相差不大,因此,顺丰也应当在运送速度上发力。

着眼于国内形势,王卫敏感地发现,虽然"非典"的暴发使人们的社交活动大幅度减少,但是人们待在家里的时间增多,将在客观上产生一定的快递需求,这就为快递公司带来了商机;而由于人们的社会活动的减少,航空运输的价格正在下跌,这让王卫产生了一个想法,那就是开启"飞机运件"的运输模式。

"用飞机运快件",这个想法一经提出,便引得顺丰公司上下一片哗然。租用飞机运送快件的成本很高,这在当时,是其他的民营快递公司想都不敢想的事。事实上,用飞机运送快件,并非王卫异想天开。对于大多数客户来说,他们选择快递公司的首要标准就是快件能否准时送达,而在运送速度方面,航空运输明显要比陆地运输占有更多优势,尤其是对于一些距离始发地相对较远的城市,采用航空运输能有效缩短运送时间,虽然运输成本增加了,但却能有效地抓住客户，增加业务量。正是凭借这样缜密的分析，王卫才果断做出租用飞机运输快件的决定。

几经寻觅，顺丰速运最终与当时成立还不足一年的航空货运领域"新兵"——扬子江快运航空有限公司签订合作协议，租下了该公司当时所拥有的全部货运机——5架737货运机。王卫把租来的5架飞机用在飞往广州、上海、杭州三条热门线路上，至此，顺丰速运成为国内第一家使用飞机运输快件的民营快递企业。

从陆地货运转向空中货运，开启"飞机运件"运输模式使顺丰的业务量呈爆发式增长，采用该运输模式的第二年，顺丰的营业额达到14亿元，整个"非典"期间，顺丰不但规避了疫情的负面影响，而且将危机变成转机，为公司的进一步发展打开了新的局面，在快件运送上实现了质的飞跃，稳稳地坐上了国内民营快递运输的"第一把交椅"。

随着业务量的不断增长，考虑到租用飞机已经不能满足运送需要，顺丰开始买飞机，打造属于自己的航空运输网络！如今，顺丰已经拥有45000个网点、45架货运机、15000台运输车辆、6200条运输干线、72000条运输支线，运送范围覆盖全球200多个国家。2016年，经中国民用航空局批准，顺丰速运在湖北鄂州燕矶投建顺丰机场，预计在2020年完工，届时，该机场将成为国内首个民营快递运输机场。

6. 向国际化快递企业进军

2017年，曾经名不见经传的王卫，凭借顺丰上市，获得了胡润富豪榜上大中华区排名第三的身家；曾经势单力薄的六人团队，已经建立起引人注目的"快递帝国"。这些成绩，都是与王卫先人一步的发展思路和战略眼光分不开的。

回顾顺丰24年的发展历程，存在一系列左右顺丰命运的重大事件和关键节点，如向全国快递市场的扩张、由加盟模式改为直营模式、租用飞机运送快件、购置飞机运送快件、投建顺丰机场、布局电子商务、向国际化快递企业进军，等等。在这当中，向国际化快递企业进军，是顺丰发展史上浓墨重彩的一笔。

对于具有一定规模和影响力的企业来说，开拓海外市场，走向国际是其战略布局中必不可少的一步，顺丰作为国内发展速度和规模超前的民营快递企业，在占有了国内市场的很大一部分份额之后，很自然地将目光转向了海外，顺丰走出国门，走向世界势在必行。

顺丰在海外快递市场的布局，是从2009年开始的。2009年5月，顺丰集团对外宣称，顺丰将开拓新加坡的快递市场。为了将这个计划尽快落实，顺丰集团迅速展开了一系列紧锣密鼓的准备工作。同年9月，顺丰筹建组进驻新加坡。由于是顺丰走出国门的第一个项目，缺乏可供借鉴的经验，筹备组只能从零开始，梳理经营资质、寻找办公场地、招聘当地员工、规划关务工作、选择航空货代、拟定业务流程、建设规章制度……将一项项工作井然有序地推进下去。2010年3月，经过全体组员为期5个月的艰苦奋斗，顺丰在新加坡的营业网点装修完毕，各业务员基本到位。开通了中国香港、中国澳门、中国台湾至新加坡的收件、派件服务，3月17日顺丰从新加坡发出了该网点自建立以来的第一单快件，次日，快件如期抵达香港，完成派送。对客户而言，可能这只是一单普通得不能再普通的快件，但是对于顺丰而言，它却有着非同寻常的意义。这是顺丰在海外快递市场自己收派、自主清关的第一单快件，它标志着顺丰海外直营模式的成功运转，它代表着顺丰速度，是顺丰实力的见证。自此，顺丰速运拥有了一个可以向海外快递市场拓展直营化的模板，这在顺丰速运走向国际化的进程中，具有里程碑式的意义。

随后几年，顺丰开足了马力，打开了越来越多的国际市场，顺丰的快递网点基本覆盖了马来西亚、泰国、越南、韩国、日本、澳大利亚、美国、蒙古、印尼、印度、柬埔寨、加拿大、墨西哥及缅甸等多个国家和地区的华人聚居地，在这些快递网点，从办公场地到员工装束，从作业流程到运营模式，无一不打上了"顺丰速运"的鲜明标记。

顺丰在向国际化快递企业进军的过程中，充分注意到与顺丰电子商务布局的结合，让顺丰的电子商务迈向国际市场。2014年，顺丰集团成立国际电商事业部，主要负责顺丰的国际业务，进一步推进顺丰电子商务全球化进程。

顺丰的全球化战略主要包括两个方面：一是产品，二是网络。在产品方面，顺丰速运已经取得了显著的成绩，截至目前，顺丰的直发业务已经覆盖了全球近300个国家和地区；在网络方面，2015年，顺丰速运提出，通过在全球建立20个仓网，覆盖4个主要目标市场的战略目标。

在国内快递行业，顺丰速运是当之无愧的行业龙头，但是与美国联邦快递集团（FEDEX）、美国联合包裹运送服务公司（UPS）、德国敦豪国际公司（DHL）和荷兰天地公司（TNT）国际物流"四大巨头"相比，顺丰的资历尚浅。为了提升国际快递业务，顺丰放弃了"单兵作战"，转而与当地的多家企业联手，尽可能做到业务无缝对接，以此扩大海外市场，拉长海外战线。

值得一提的是，在顺丰加紧开拓海外市场的时候，国内其他几家发展速度较快的民营快递企业也不甘落后，纷纷开启国际化进程。2015年1月19日，圆通快递旗下的"一城一品"上线第一批海外商品，此举正是瞄准了跨境物流、跨境电商这片新蓝海；2015年3月1日，中通快递旗下专门从事国际物流业务的"中通国际"正式上线；同年，汇通快递与海外国际快递企业合作，将业务范围扩大到全球200多个国家和地区。韵达快递在美国、新西兰等国家成功设立速递服务中心。

　　由价格竞争到市场竞争，再由市场竞争到资本竞争，中国的快递行业竞争日趋激烈，在国际快递巨头纷纷进入中国市场，国内电商企业纷纷建立自有物流体系的形势下，打开国际快递市场无疑是国内快递企业转型的一个良好契机。

03

由加盟到直营

EXPRESS

1. 加盟之利，加盟之弊

企业想保持生机和活力，就不能墨守成规，要与时俱进，时刻关注外部环境的变化，在不同的发展阶段，做出相应的改变。顺丰速运成立之初，走的是直营化道路。1996年，顺丰速运在向全国快递市场进军的过程中，顺应形势，将加盟模式引入公司管理，开始在全国范围内设立网点，迅速打开了国内快递市场。1999年，意识到加盟模式存在的弊端之后，王卫果断"收权"，将运营模式由"加盟"转回"直营"，这一举措对顺丰的发展极具战略意义，是顺丰由平凡到非凡的里程碑。

目前，国内的民营快递企业主要采用加盟和直营两种运营模式，相对而言，采用加盟模式的快递企业比较多，而采用直营模式的快递企业则相对要少。那么，加盟与直营的区别到底在哪里呢？

加盟，是指加盟方与总部签订加盟合约，总部仅提供必要的培训和管理，各加盟方独立运营，独立承担法律责任。加盟的优点是灵活性和自主性较强，缺点是各加盟方容易各自为政，不利于总部统一管理。

直营，顾名思义，就是直接运营。无论是连锁店还是分部或者联络点，都由公司总部直接投资、经营、管理，所有权和经营权都归属总部。它的优点是便于资金调动和经营战略的统一，缺点是对资金的需求比较大，发展速度较为缓慢。

与直营模式相比，加盟模式更利于企业快速占领市场。1996年，顺丰速运已经初具规模，也有了一定的资金。这时，向全国快递市场进军的计划理所当然地被提上日程。为了尽快实现这个计划，王卫果断变"直营"为"加盟"，由此迅速在全国各地建立顺丰速运的快递网点。顺丰公司每建立一个快递网点，就注册一家所有权归加盟商的分公司，建立网点所需的资金和人力，都由分公司自行解决，利润方面，分公司只需向总公司上缴一定的数额，其余的则可自由支配。这种经营模式受到了加盟商的极大欢迎，很快，顺丰速运就打开了全国的快递业务。

事物都具有两面性，有其利必有其弊。顺丰公司的加盟模式亦如此。

从"利"来说，加盟模式一方面大大缩短了设立快递网点的时间，加快了顺丰打开全国快递市场的进程；另一方面赋予了加盟商很大的经营自主权，在一定程度上提高了加盟商的积极性，促进了顺丰的发展。2002年顺丰公司已经在内地拥有180多个网点，业务量与深港货运相当。从"弊"来说，顺丰速运快递网络的形成，基本上源于市场化的自然延伸，也就是说，哪里有快递需求哪里就有顺丰速运的快递网络，但是由于缺乏整体规划，这种网络具有地区发展不平衡的缺点，例如，在经济发达的广东省，顺丰公司的网点会分散到各个小县城；而在经济欠发达的省份，这些快递网点则只有在省会城市才能找到。这种网点分布形式，显然不利于顺丰速运的长远发展。此外，网点的激增，加大了顺丰总公司对于众多分公司的管理难度，一些分公司开始各自为政，对总公司的指令和调度阳奉阴违，已然成了割据一方的"诸侯"。这时，对于顺丰来说，加盟模式已经成了限制自身发展的一颗毒瘤，大力整治刻不容缓。

2. 轰轰烈烈的收权运动

加盟模式曾带给顺丰速运飞速扩张的快感，如今，也给顺丰速运带来了诸多麻烦，从进军全国快递市场的助推器，到阻碍公司长远发展的大问题，三年间，加盟模式对于顺丰公司的意义发生了巨大的改变。如果此时变加盟模式为直营模式，将分散出去的权力收回来，势必减缓顺丰速运的扩张速度，对顺丰在国内快递市场中保持竞争力产生一定的影响，王卫不是没想过这些，但是权衡利弊之后，他还是做出了"收权"的决定。

消息一出，加盟商就"炸开了锅"。对他们来说，顺丰速运是一块"肥肉"，加盟顺丰速运，为他们带来了金钱收益，现在让他们交出权力，谁能心甘情愿呢？如王卫所料，"收权"运动遭到加盟商的一致反对，阻力重重。对于此次收权，王卫的态度很坚定，但是这并不意味着强硬，他很注重方法，对于曾经为顺丰迅速打开国内快递市场的加盟商，他采取了"刚柔并济"的策略。"刚"，是指对于愿意留在顺丰的加盟商，必须严格遵照规程，敦促他们将权力移交顺丰速运，在这一点上，没有任何商量的余地；"柔"，是指对于权力被收走的加盟商，顺丰将一次性给予对方丰厚的回报，并承诺了一系列后续的福利待遇，可谓条件优厚。

王卫的这一策略十分奏效，加盟商渐渐地不再坚持"对抗"，他们联合抵抗的阵营开始瓦解，就这样，顺丰收回了大部分权力，加盟商中仅余一部分"钉子户"，表示要与王卫对抗到底。对于这些人，王卫给了他们两个选择：要么将股份卖给他，要么离开顺丰速运。王卫强硬的态度激起了这些加盟商的顽强抵抗。在这期间，发生了这样一件事，在汕头分公司，由于双方迟迟未能谈妥，为了完成最后的"收权"，王卫直接叫停了该分公司的一切业务，当地经销商见状，带人在高速路上对王卫围追堵截……这种似乎只会在影视剧中出现的桥段，竟是王卫的真实经历。后来回忆起这段经历时，王卫却只是轻描淡写地说，顺丰在将承包网点收回直营的过程中遇到了很多麻烦。当时，一个承包网点就是一个小王国，要根治这些问题，我们的压力非常大。

在这样的情况下，历时三年，"收权"运动终于落下帷幕，三年的时间，顺丰速运不仅顺利改加盟为直营，还理顺了各种关系，各分公司的产权也日渐明晰。2002年，顺丰速运在深圳成立总部，公司的管理步入正轨。

3. 直营征服客户

由加盟完全转变为直营，顺丰用了三年时间。

完成"收权"运动，转回直营模式，对于顺丰速运而言，又是一个新的开始。在当时的中国快递企业中，完全采用直营模式的快递公司除了国有企业 EMS，就只有顺丰速运，因此，直营模式能走多远，发展前景如何，谁也无法预料。

在顺丰，所谓直营，首先意味着所有的快递员都由顺丰总部统一调配、管理。例如，客户想要发送快件，只要拨打顺丰速运全国统一的客服电话，顺丰总部就会调派该客户所在片区的快递员上门取件，并留存该快件的相关运送信息，从而对快递员的工作质量和工作效率实施监控。顺丰速运的直营模式是以总部为圆点，逐步向外扩散，彻底改变了过去各个加盟网点"一盘散沙"的状况，有利于公司塑造品牌，提升服务质量。例如，为了给客户提供更优质的服务，顺丰速运内部针对各营业网点的运营和快递员的工作情况设有专门的考核制度，并相应配置组建了监察网点和处理投诉的部门。此外，顺丰还在全国范围内由省到县，依次建立分公司、分部和快递网点。所有分公司、分部和快递网点都由顺丰速运总部统一出资组建、统一管理。如此巨大的投入必然增加企业运营的风险，为了有效规避这种风险，王卫着实费了一番心思。

王卫深知，速度和服务是快递企业的"生命力"。

在速度方面，为了提升快件的运送速度，在一些热门线路，例如北京、上海、广州等经济相对发达、商务往来频繁的城市，率先使用飞机运输快件。航空运输的优势显而易见，发往这些城市的快件，常常是前一日下午取件，次日一早就能送达。虽然运送成本较高，但业内领先的运送速度吸引了越来越多的客户，业务量的增多，带来了巨大的收益，为顺丰速运积累了更多的运营资金，如此，就形成了一个良性循环。

在服务方面，王卫从业务员抓起，通过"承包制"和"计件工资制"使快递员与快递企业之间形成分配关系，而非劳务关系，从而有效提高快递员的积极性。承包制，就是使每一位顺丰速运的快递员都有自己固定负责的片区，无论是收件还是发件，每个人都须严格遵守自己的片区约定，努力在自己的片区内挖掘和发展客户，不去抢别的片区的生意，这样，如果某个快递员负责的片区业务量增长缓慢，且在几个月内都没有起色，那就说明这个快递员的工作存在问题，须尽快调整解决。计件工资制，也就是按劳分配、按劳取酬。在快递行业，快递员的薪酬基本上实行计件工资制，即快递员每收取或者寄送一个快件，就能按照固定的比例获得相应的提成。顺丰速运的快递员的工资，跟他们的业务量呈正相关，业务量越多，工资越高，且工资数额上不封顶，因此，顺丰速递的快递员所能获得的提成是行业内最高的。承包制与计件工资制双管齐下，有效地提升了快递员的工作积极性。

为了提升顺丰速运的服务质量，除了制度上的激励，王卫还注重对快递员形象的打造。顺丰快递员以年轻人居多，着装统一，收件速度快，送件及时、准确，很少存在暴力分拣的现象，对客户非常尊重，整体呈现出积极向上的风貌，给客户留下了良好的印象。

4. 直营中的困境

这是一个快递业疯狂成长的年代，在中国，无论是大城市，还是小县城，来自不同快递公司的快递员随处可见，他们有的骑摩托车，有的骑电动四轮车，有的开小汽车，无论使用哪种交通工具，他们的车上无一例外地满载着需要派发的快件。寻常日子尚且如此，每逢重要节假日，快递员的"繁忙"更是不可想象，有时他们甚至工作到半夜也无法送完当天的快件。

这些现象的出现，足以证明我国快递市场的繁荣。有人作了一个形象的比喻，说我国的快递市场是一桌盛宴，而且是一桌"大得不得了，吃都吃不完，根本不用抢"的盛宴。然而事实上，对于国内的民营快递企业来说，这桌盛宴，却不是那么容易吃的。国内快递市场的空间很大，但是快递行业的竞争也越来越激烈，发展越来越艰难。

刚刚回归直营模式的顺丰速运就遭遇了困境——"缺钱"。

与采用加盟模式的快递企业相比，发放给员工的薪水是顺丰速运的一大笔开销。采用加盟模式的快递企业只需支付总部工作人员的薪水，各网点工作人员的薪水则由加盟商负担，而顺丰速运却需要负担每一位一线员工的薪水，数额庞大。

相较于加盟模式，直营是一种非常"烧钱"的模式。具体来说，顺丰速运每开设一个快递网点所要缴纳的房租费、水电费、交通运输费等费用，都由顺丰总部全力承担，而采用加盟模式的快递企业，这些费用都由加盟商埋单。新的网点建立后，用于运营等方面的一系列费用也高得惊人。可以说，于顺丰速运而言，建立网点的计划一启动，资金就开始从总部源源不断地流出。为了填补设立网点的资金缺口，王卫曾先后9次将他的个人资产抵押给银行，这才渡过难关。

自1999年至2016年，顺丰速运的自有、派遣及外包员工总数超过40万人，网点多达13000个，开发线路78000多条，自有飞机和包机多达51架，自运车辆近16000台，惊人的发展规模背后是巨大的基础设施投入，18年的时间里，凭借直营化模式的顺丰速运取得了不小的成绩，但是不可否认，顺丰速运也因此背上了一个"重资产"的包袱。

在快递行业，企业业绩的增长离不开数以万计的快递从业者的共同努力。近几年，人力成本不断上涨，顺丰速运作为一家直营快递企业，还要维持几十万员工的生计，担子十分沉重。此外，用地成本、企业管理成本的不断上升，也给顺丰速运带来了不小的压力。

5. 当直营遇上电子商务

顺丰速运虽然在直营化道路上遇到过许多难题，但还是凭借快人一步的速度和"顾客至上"的优质服务，占领了国内中高端快递市场的高地。市场总是瞬息万变，刚刚摆脱困境的顺丰速运又迎来了电子商务的异军突起。

20世纪90年代中国的电子商务悄然兴起，其中最具代表性的电子商务平台，当数马云创办的阿里巴巴和淘宝网。1999年，马云在浙江杭州创办阿里巴巴网站，从事网络批发；2003年，马云又创立了淘宝网，重点打造中国的电子商务销售模式。

作为一种新型销售模式，电子商务有两个重要的连接端，一个是互联网行业，另一个是快递行业。因为网络销售必然依靠网络，销售商在网络上发布产品信息之后，客户在网络上浏览这些信息，经过挑选、比对，在网络上完成订购。客户订购成功后，快递公司就成了连接销售商与客户的桥梁——销售商通过快递公司将货品发往全国各地，货品经由各地的快递员派送到客户的手中。客户收到货并确认货品无误后，在网络上完成付款行为。至此，一次电子商务才算结束。

不可否认，电子商务的迅速发展，为快递行业带来了更多的机会。当电子商务与快递行业的关系日益密切，马云也曾想过"强强联手"——邀请顺丰速运作为淘宝网的长期合作伙伴，却最终未能成行。而另一边，申通快递、圆通速递、中通快递、百世汇通、韵达快递等快递公司（以下简称"四通一达"），主动介入，顺利成为淘宝网的快递合作方。

2009年，经济危机席卷而来，对中国的经济造成了巨大的影响，中国的民营快递企业经历了一轮大"洗牌"，在这场残酷的"洗牌"中，一些小型快递公司成为被清理的对象，"四通一达"依靠淘宝网等电子商务带来的业务，勉强渡过难关，拒绝了淘宝网的顺丰速运则只得另辟蹊径。

没有人知道王卫是否也曾为没有搭上电子商务的顺风车而萌生悔意，可以确定的是，相比一些快递企业重度依赖电子商务，收货价格较低，以量取胜，顺丰速运更愿意着眼中高端市场，收取较高的费用，通过优质的服务牢牢把握中高端客户。由于收货价格低，电子商务虽然能为快递企业带来巨大的业务量，却并不能持续创造可观的利润，近几年，电子商务增速逐渐放缓，无疑给重度依赖电子商务的快递企业沉重一击，而马云组建"菜鸟网络"，京东建立自有物流体系等一系列向物流领域发力的举动，更对他们形成一种隐隐的威胁。

　　过度依赖必将失去自我，如此看来，顺丰速运始终对电子商务"保持距离"亦不失为明智之举。

6. 将直营网点开到乡下

中国电子商务的发展速度之快，规模之大，已经超出了人们的想象。在中国，淘宝网、京东商城、当当网、苏宁易购等大型电子商务网站的存在已经大大地改变了人们的生活。

过去，实体店是人们唯一的购物场所，人们所需要的物品，都必须去实体店购买。现在，我们迎来了电子商务时代，人们坐在家里，只要动动手指，点点鼠标，就可以通过手机或电脑完成网络下单订购，不出几天，客户购买的货品就会送到家中，大到装修材料，小到针头线脑，没有买不到的，只有想不到的。这就对快递企业提出了更高的要求：送货速度快，网点覆盖地域广，才能抢占更大的市场。单从这一层面来看，顺丰速运似乎并不占据优势。

采用直营模式的顺丰速运，定位于中高端市场，主要服务于中高端商务人士，采用加盟模式的"四通一达"等快递企业，重度依靠电子商务，需要在县城和乡镇等相当偏远的区域建立大量的快递网点，所以，相较而言，顺丰速运的快递网点要明显少于"四通一达"等快递企业。尤其是在2013年以前，顺丰速运在县城和乡镇的营业网点数量近乎零。伴随着电子商务的规模化发展和物流体系的日臻完善，人们对生活质量的要求不断提高，农村自然条件较好，产自农村的无公害食品越来越多地出现在人们的餐桌上，因此，越来越多的人开始将目光投向农村。在大城市，市场已经接近饱和，而农村还是一块尚待开发的处女地，前景广阔。此外，农村市场本身也有着巨大的发展潜力。2013年，城镇居民人均可支配收入较上一年增长9.7%，而农村居民人均纯收入较上一年增长了12.4%。农村居民手里的"钱"越来越多。而随着生活条件的改善与互联网的覆盖范围的日益扩大，农村居民对网络的使用率不断攀升。中国互联网信息中心发布的统计报告显示，截至2013年年末，我国农村地区的网民数量达1.77亿，占全国网民数量的28.6%，且还在以13.5%的速度增长，而同期相比，城镇网民的增长速度仅为8%。有了可供支配的收入，有了连通世界的网络，农村居民的购买力越来越强。2013年，淘宝网发布了《县域网购发展报告》，报告以2012年的统计数据为例。2012年，县域地区在淘宝网上购物的人数超过3000万，总花费达1790亿元，人均花费近6000元，超出一、二线城市居民1000多元。从年度人均网购次数来看，一、二线网民人均网购次数为39次，县域地区网民网购次数达54次，由此可见，农村网购市场潜力巨大。

曾有人预言，眼下中国的电子商务开展得最为火热的区域应当是县城和乡镇，而不是一、二线城市。那么问题来了，因为受限于现有的物流网点布局情况，末端派送是个大问题，"农村最后一公里"的派送难题始终没有解决，这也都阻碍着电子商务的发展。对此，王卫心中了然。2013年，顺丰速运在引入四家企业的同时，开始在县城和乡镇布局快递网点，以期解决末端派送的问题；2014年，顺丰速运瞄准县城和乡镇地区的丰富资源，进一步向这些区域进军。

此次进军，顺丰没有采用以往设立直营网点的形式，而是做了一个新的尝试：鼓励顺丰速运的员工到县城和乡镇地区开设快递网点，顺丰总部不收取任何费用，而且还会予以相应的政策和资金支持。在这些新的快递网点，网点的管理和运营都由该员工负责，顺丰总部选派人员协助处理日常事务，在运输方面，顺丰速运先将快件中转至县城和乡镇地区，再由该地区快递网点的工作人员前往交接，完成最后的派送，在各地区网点运营的过程中，顺丰速运会出台相应的规范和措施保障价格、服务的统一性。

王卫此举，用意颇深。一方面，顺丰速运拥有40多万名员工，有些员工已经在公司工作多年，他们远离家乡，虽然拿到了不错的薪资，却始终无法真正地融入大城市。如今有了这样一个既能发家致富又不必背井离乡的机会，很多人为之心动，"回乡创业"几个字，深深地引发了员工的共鸣。另一方面，经过多年的培养，这些员工对公司的经营理念理解程度较深,且十分认可,他们返乡创业,就可以将公司的经营理念带回去,填补顺丰速运在县城和乡镇地区的空白。

04

战略与战术

EXPRESS

1. 以商务件为主，定位中高端

　　市场经济的发展催生了快递行业，中国有数以千计的快递公司，大大小小地散布在城市的各个角落。对于绝大部分快递公司来说，发货价格相差不大，运送速度也相差无几，除了公司规模上的差别，它们之间并没有多大的差异。不过，顺丰速运是个例外。要想将顺丰速运与其他的快递公司区分开来，就要容易得多：首先，顺丰速运的发货价格相对较高，且全国统一，客户没有还价的余地；其次，顺丰速运的快递员不仅着装统一，派送服务也是优质而标准化的。顺丰速运之所以如此，是与它的市场定位分不开的。顺丰速运自创立之日起，其业务就以商务件为主，在后来的发展过程中，顺丰速运也始终定位于中高端市场，牢牢地将商务件运送这块蛋糕放在自己的嘴里。

　　当其他快递公司忙于在全国跑马圈地，无论大型快件，还是小型快件；无论轻型快件，还是重型快件；无论同城快件，还是异地快件，都来者不拒的时候，王卫保持了惊人的冷静，坚持顺丰速运只收商务件的运送准则。商务件，顾名思义，就是商务快件，只收商务件就意味着放弃了商务件以外的广大快递市场，这相当于将一块美味的大蛋糕拱手让人，顺丰速递此举，很多人并不看好。

对于外界的不看好，王卫并不理会，因为坚持以商务件为主营业务，是他认真审视中国快递市场后做出的决策。王卫认为，中国快递行业的高端市场很小，且份额有限，主要分为国际和国内两个部分。其中，国际业务在很大程度上需要依靠国际运输网络，建立初期的顺丰速运还不具备这样的运营条件，而国内的高端市场发展还不成熟，顺丰速运不能只立足于此。王卫曾断言："目前，中国的快递企业还没有人能真正满足高端市场的需求，由于快递企业缺乏在中端的基础上为客户量身定做个性化服务的能力，高端市场只能委屈自己，降低需求，变成中端。"如此看来，国内的中端市场是比较有前景的。此外，从忠诚度层面来看，中高端客户一般不会轻易改变，不会为了几元钱的差价而选择速度和服务不如顺丰速运的快递公司。

基于这样的认识和判断，王卫有的放矢，迅速明确了顺丰速运的定位和竞争策略，提出要用速度征服客户，用服务留住客户。这种一环扣一环的策略，帮助顺丰速运在中高端快递市场上赢得了一大批忠实的客户，只要有发送商务快件的需要，他们首先想到的就是顺丰速运。

值得一提的是，在电子商务大规模兴起之前，一些民营快递企业也是以商务件为主营业务，它们称得上是顺丰速运的"劲敌"。但是，自电子商务兴起，一切开始改变。2005年，马云名下的淘宝网与"四通一达"等民营快递企业签订了物流供应商协议，这些企业正式成为淘宝件的运送方。发展势头猛烈的淘宝网，也确实使其业务量暴增，但是，其精力也因此被分散，渐渐放弃了对商务件市场的争夺。

最终，重度依靠淘宝件的快递公司为了争夺电商，被迫不断压低发货价格，发起价格战，并逐渐陷入业务量越来越多，利润却越来越低的困境。顺丰速运则由于坚持中高端定位，以商务件为主营业务，从而走出了一条自己的道路。

毫无疑问，顺丰速运的坚守帮助它在这场没有硝烟的战争中保持了领先地位。

2. 只收小件，拒绝重货

美国苹果公司联合创办人乔布斯曾说："专注是极富力量的，而创业公司是非常需要专注的。"在乔布斯的专注精神领导下，苹果公司的产品顺利引爆市场，尽管苹果手机价格不菲，但还是有众多的"果粉"为了在第一时间拥有它而在苹果公司的销售门店外彻夜等待。和苹果公司一样，世界上很多百年企业都是专注于做一件事，把它做好，做精，做到极致，才得以传承百年。

顺丰速运起步很晚，距离百年企业还有很长的一段路要走，它更应该向前辈学习专注的精神，经得住诱惑，耐得住寂寞，坚守原则，不忘初衷。为了坚持中高端定位，顺丰速运在快递业务上，一直坚持只承接比较好整理和运送的商务文件和小件物品的运送业务，对于那些体积庞大，或者自重过重的物品，即使发货费用再高，顺丰速运也不为所动。一个典型的例子是，顺丰速运在快速成长时期引起了一些大型跨国企业的关注，其中就有摩托罗拉公司，摩托罗拉公司向顺丰速运递来橄榄枝，希望顺丰速运能参与其物流项目的投标。王卫思虑再三，选择了拒绝，拒绝的原因很简单，摩托罗拉主营电子产品，这类产品属于自重较大的重货。试想，如果客户要发送手机，由于手机自重大，一个骑摩托车送件的快送员大约一次只能运送一箱；而如果换成商务信件，快送员一次运送一百件也不成问题，重货的运送成本高，利润薄，从长远来看，承担这类快件业务与顺丰速运一贯的定位不符，且并不划算。

在快件运输过程中，尤其是在航空件的运输过程中，只承接商务文件和小件物品的运送业务的优势就更明显了，没有大型、沉重的货物的拖累，顺丰速运总是能保证快件的运送速度，即便在快件收寄的高峰期，顺丰速运也不会出现快件积压的情况，这为顺丰速运征服了一大批客户。

做企业，要有一种专注的执行力。更好地服务客户，而不是单纯地争抢客户，这应当是企业竞争的本质。顺丰速运定位于中高端市场，以商务件为主营业务，专注于运送小件快递，拒绝重货。虽然这一做法使得自己的接单数量不如其他同行，但在提升运送速度和服务质量的过程中，打造了其核心竞争力，从而坐稳民营快递行业龙头的位置。

3. 细分市场和客户

在中国快递业蓬勃发展的过程中，虽然各家快递企业可能有着不同的运营模式，但是如何接到更多的快件，如何获取尽可能多的利润，仍然是所有快递企业共同关注的重点。作为顺丰速运的领导者，王卫可谓目光长远，比起业务量和利润，他更看重企业未来的发展。王卫深知，无论企业的规模多大，都无法同时满足整个市场的需求，无论产品的使用效果多好，也不可能同时满足所有客户的需求。在资源有限、资金有限的情况下，只要顺丰速运能够正确把握快递市场的变化，在运营和服务上时刻紧跟中高端客户的需求，业务量和利润的提高就是水到渠成的事。

在分析市场需求的过程中，王卫充分使用市场细分策略将客户和市场进行了细分。所谓市场细分策略，就是通过将一个多样化的市场划分为不同的、小规模的细分市场，使具有相似特征的顾客群被归类于同一细分市场的方式进行市场分析，从而清晰地识别出不同的细分市场，并在此基础上对环境、竞争形势和自身资源做进一步分析，真正明确企业的优势和机会所在，选择对其发展最为有利的市场。市场细分的标准多种多样，可以是顾客的性别、年龄，也可以是顾客的购买习惯和购买力。王卫运用市场细分策略，将顺丰速运定位在中高端，并根据这一定位，进一步将公司的业务范围划定为商务文件和小件物品的运送。

与中高端的定位相伴而生的是高定价。顺丰速运的派送费用在同行业中是最高的。以起步价格来看，顺丰速运每公斤快件的派送费用是 20 元，而这个费用在另一家快递公司则能降至 10 元甚至 8 元，也就是说，顺丰速运的派送费用同比高于同行业其他竞争者 2 倍甚至更多。对于顺丰速运较高的派送费用，王卫的解释是：服务决定价格。顺丰速运要用高品质的服务让人们相信，价格高有价格高的道理。

为了全面提升顺丰速运的服务质量，王卫为顺丰速运细分了快递服务、冷运服务和仓储服务三种不同的服务模式。其中快递服务又按照派送范围分为同城派送、大陆及港澳台地区派送、国际派送和包括保价、代收货款、委托收件、定时派送等一系列服务在内的增值服务，而冷运服务则再度细分为食品服务和医药服务两类。这种定位于中高端，将服务细分的做法，使顺丰速运有的放矢，成功避开了低端市场的竞争，在顺丰速运的目标领域，基本上只有 EMS 能与之抗衡。当其他快递企业忙于争夺市场份额，而被迫陷入价格战时，顺丰速运已经在另一个领域做得风生水起。

随着业务的不断扩展，顺丰速运在对服务进行细分之外，又将中高端客户进一步细分为大客户、中端客户、普通客户、流动客户四类。其中，大客户包括项目客户和VIP客户，占客户总量的4%，中端客户占客户总量的15%，普通客户占客户总量的80%。在对客户细分的基础上，顺丰速运针对不同的客户，制定了不同的服务标准，在保证基础服务质量的前提下，为客户提供更加多样化的服务。

近年来，德国敦豪、美国联邦快递、美国联合包裹等国际快递巨头纷纷加入中国快递市场，抢占份额，国内快递行业竞争激烈，对比许多快递企业同质化严重的情况，顺丰速运对市场和客户进行细分，无疑是帮助顺丰速运抢先一步，赢得竞争优势的明智之举。

4. 开启个性化服务

这是一个多元化的时代，也是一个个性化的时代。伴随着互联网经济的飞速发展，越来越多的"90后""00后"开始成为消费主力，他们是一个更加追求"个性化"的群体，在消费方面，他们的个性化需求也相对较多，面对这样一个群体，快递企业要想获得更大的发展，就必须与时俱进，不断创新，有针对性地为客户提供个性化的服务。顺丰速运定位于中高端，通过提升派送速度和服务质量，在全国的快递市场上竖起了一面旗帜，赢得了一大批忠实的"粉丝"。随着行业的发展，中高端快递市场日渐饱和，仅靠原来的"粉丝"已经远远不够，如何巩固老粉丝，培养新粉丝，是顺丰速运在这个阶段必须认真思考的问题，这时候，开启个性化服务无疑是吸引和培养新粉丝的绝佳方式。

2012年8月，顺丰速运针对淘宝网的卖家推出"四日件"，以此迈出了个性化服务的第一步。"四日件"，顾名思义，就是客户委托顺丰速运寄送的物品必须在四个工作日之内送达。"四日件"的推出主要针对的是对奶粉、电子产品、酒类饮品等商品有需要的客户，这类商品不便于航空运输，顺丰速运的"四日件"产品正好能够满足他们的运输需求。与顺丰速运以往的派送费用相比，"四日件"便宜了一半，但是在服务质量上还是保持了一贯的水准，如保价、代收货款等其他客户享有的服务，选用"四日件"的客户同样享有。"四日件"一经推出，立即引发了电商的关注，尽管它的运送时间比以往要多一倍，被人戏称为"慢递"，但还是用良好的服务征服了一部分淘宝卖家。

2015年5月，顺丰速运在北京、上海、广州、深圳、东莞、苏州、杭州——环渤海、长三角、珠三角三大经济圈中的7个城市推出"顺丰次晨"服务，并承诺：只要快件在指定的服务范围和时间内寄出，那么该快件将于次日10点30分之前送达，若出现超时派送，则免除运费。"顺丰次晨"的推出主要针对的是对快递有很高的时效性要求的电子、服装、金融保险等行业从业者。为了进一步提升"顺丰次晨"的服务质量，顺丰速运先后通过电话回访、匿名试寄等方式对客户的使用体验进行了调查，做到了对不同客户的需求更充分地了解。事实证明，这些工夫没有白费，"顺丰次晨"产品一经推出，就受到了客户的欢迎。

关于这项产品的使用效果，有这样一个实例：一次，一位客户找到顺丰速运，要求投寄一份招标书。这份招标书非常重要，必须在次日上午寄到北京，并于上午10点前送达。顺丰速运的工作人员了解到这个情况后，向其推荐了"顺丰次晨"产品，次日，这份招标书如期抵达竞标会场。事后，这位客户感慨，此次寄送十分紧急，任何一家快递公司都不敢担保在规定时间内送达，选择"顺丰次晨"这项服务产品，完全是抱着试试看的态度。没想到，"顺丰次晨"竟真的帮助自己解决了这个大难题。以后再发任何快件，首先想到的快递公司一定是顺丰速运。如今，"顺丰次晨"的服务范围已经涵盖全国56个城市422条流向。

对于快递企业而言，无论企业规模是大还是小，都可以细分自己的业务，实现个性化经营。无论是"四日件"还是"次晨达"，都是顺丰速运开启个性化服务的一次尝试，顺丰速运在推出的个性化服务过程中，赢得了客户，也提升了自己。

5. 精细化的价格策略

如何制定合理的派送价格标准，是众多快递企业一直苦恼的问题。这些年来，各家快递企业为了争夺客户、抢占市场份额，没少在价格上做文章，甚至被迫展开"价格战"，通过降低派送价格提升竞争力。对于价格战，顺丰速运不仅没有过多地参与，有时候还反其道而行之。当别的快递企业都在提价的时候，顺丰速运在降价，而当它们维持价格不变的时候，顺丰速运竟然选择提价。这样的价格策略看似随意，其实不然，降价，提价；提价，降价，再提价，顺丰速运在不同的发展阶段，针对不同的群体采取了不同的价格策略，正是这与众不同的价格策略，帮助顺丰速运在快递行业中书写了不一样的故事。

1993年，顺丰速运刚刚起步的时候，快递行业缺乏有效的监管，相应的法律法规也不完善，在当时的快递市场上，哪家快递企业的派送价格低，客户就用哪家。为了让顺丰速运尽快抢占市场，王卫果断实行了降价策略。事实证明，这一策略是成功的，降低派送价格虽然降低了利润，却也赢得了更多的客户，为顺丰速运的生存提供了保障。

当顺丰速运的发展步入正轨，变得更加正规、更加专业，王卫立即转变策略，开始提价。此时的顺丰速运经过前期积累，已经在客户中收获了不错的口碑，有了稳定的客户源，针对当时的市场规模，顺丰速运进一步提升了派送速度和服务质量，在这个前提下，适当地提价是"物超所值"，所以，此举不仅没有让顺丰速运流失原有的客户，反而吸引了一大批新的客户。

2014年，中国电子商务的发展进入井喷期，顺丰速运审时度势，针对电商客户推出了"四日件""电商速配""电商特惠""顺丰小盒""商盟惠""绿色通道"等一系列优惠活动，这些活动无一例外降低了派送价格。以"顺丰小盒"为例，针对体积小于1200cm³且重量不超过0.2kg的微小件货物，同城派送仅收取人民币8元的费用，跨省派送也仅收取人民币12元，而对于同期的普通快件，顺丰速运的收费标准是同城派送每公斤12元，续重每公斤2元；跨省派送首重平均每公斤22元，续重每公斤13元。两相对比，就可以看出顺丰速运此次活动力度之大。这是顺丰速运针对当时电商市场的特点和需求推出的个性化服务，也是一种个性化的价格策略。

在电子商务市场上，电商卖家为了尽可能地降低成本，通常倾向于会选用派送价格较低的快递公司，由于顺丰速运定位于中高端，派送价格相对较高，所以在电子商务领域的市场份额极少，而同期"四通一达"等快递公司则占据了近80%的市场份额。此次推出电商优惠系列产品是顺丰速运精细化价格策略的体现，更是顺丰速运为应对电商多样化的需求，避免同质化竞争，寻求专业化发展，开展多元化服务，向综合物流转型的求变之举。2015年，距离推出电商优惠系列产品不到一年，顺丰速运做出提升标准件价格的决定。2015年1月26日，顺丰速运发布新版派送价格标准，调整了全国25个省份的标准件派送价格。自2015年2月1日起，顺丰速运在江苏、浙江、上海、湖北、陕西、四川、重庆、河南、安徽、山西、云南、贵州、北京、天津、河北、辽宁、山东、甘肃、西宁、内蒙古、宁夏、黑龙江、吉林的23条线路，首重加价人民币1元，新疆和西藏线路，首重加价人民币2元。细心的人会发现，顺丰速运此次提价是一个有迹可循的过程。一开始，顺丰速运会放出提价的消息，在行业内预热，几天后，在网上正式发布涨价后的新版派送价格标准，一周后，正式执行新标准。这样一来，就给了客户一个缓冲期，让他们有充分的时间去消化、适应，从而不对提价过于排斥。此外，此次提价选在2月1日，此时正临近春节，快递市场需求正旺，快递人手却最为稀缺。顺丰速运出众的派送速度和优质的服务，足以让人们忽略这仅一至两元的提价，再则，春节期间喜庆的氛围也会在一定程度上冲淡快递提价的影响。

对于顺丰速运的提价之举,业内人士直呼"任性"。在快递市场竞争如此激烈的形势下,"涨价"是众多快递企业不敢触碰的"高压线"。只有顺丰速运,敢为人先,因为它有这个胆量,更有这个实力!

6. 借助高科技的力量

在许多人的认知里，快递行业是一个没有技术含量可言的行业，这个行业的运转主要依靠人海战术——靠人来收件，靠人去送件。事实上，大量依靠人力确实是快递行业的一种特性，也是快递行业发展的必经阶段，顺丰速运也不例外。但是，随着行业的不断发展，顺丰速运也迈过了它的艰难创业期，步入成长期。这时，人海战术开始显现出弊端——人力成本增加，人力资源浪费严重。

联邦快递之父弗雷德·史密斯曾说："想称霸市场，首先要让客户的心跟着你走，然后让客户的腰包跟着你走。"如何做到这一点？方法其实很简单，就是让客户满意。只有达到客户的预期，让客户感到满足，他们才会心甘情愿地跟你走。王卫一直渴望将顺丰速运打造成中国的联邦快递，对于弗雷德的这种说法，他十分认同。经过对目标客户细致地研究，王卫决定"依靠高科技，换取高速度"。一方面，升级顺丰速运的运输工具，将派送方式由陆地运输转为航空运输；另一方面，利用网络技术手段，着力打造顺丰速运自己的信息网。

以顺丰速运派送一个同城快件的完整流程为例，从客户下单到送达，要经过7个步骤，它们分别是将信息下载到终端、取件、建包、运送、分拣、入仓和派送，如果是运往外地的快件，还要在此基础上多加两个步骤。为了减少人力的耗费，降低快件的破损率，王卫决定投入大量资金，建立信息化系统，从软硬件两方面着手，全面提升顺丰速运的效率。

2003年，王卫从韩国进口了一批HHT手持数据终端。HHT与物流行业的PDA类似，是一种能够沟通一线操作员与整个物流系统的手持媒介，这个东西看起来不大，却价格不菲，每个价值7000元人民币，要做到十几万名员工人手一个，对于进入成长期不久的顺丰速运而言绝对是一笔大支出，但王卫对此没有一丝的犹豫，可见他建立信息化系统的决心。

在顺丰速运内部，HHT由于外形像一把手枪，而被员工们戏称为"巴枪"。在顺丰速运，每张运货单上都有一个专属条形码，快递员只需使用"巴枪"扫描快递单上的条形码，就能够收录快件的相关数据信息，然后通过网络自动上传快件的派送状态，客户通过电脑或者手机输入运单号码，也可以清楚地了解快件的派送状态，如此，顺丰速运便在行业内率先推出了运单追踪服务。

此前，如果客户只能通过发短信或者打电话联系快递员，来了解已经寄出的快件的派送状态，有了运单追踪服务，他们只需动动手指，就能轻松查询快件的派送信息，对于快件什么时间会抵达什么位置，什么时候能够送达做到心中有数。顺丰速运这种将快件派送信息透明化的做法，作为行业内的领先之举，再一次成功赢得了客户的信任和好评。

通过"巴枪"，顺丰速运的竞争力比其他快递公司高出了不少，在对巴枪投入使用的过程中，王卫察觉到巴枪在技术上仍然存在缺陷，还有很多可以改善和提升的空间，于是他找到清华大学共同研发自主品牌的手持终端。几年以后，顺丰速运和清华大学共同研发的新一代智能巴枪成功面世。比起上一代巴枪，新式巴枪增加了GPRS、拍照、蓝牙等功能，这让它看起来更像是一部智能手机，使用起来更加便捷。如今，顺丰速运的巴枪系统已经更新换代了多次，充分地将技术革新的成果运用到了生产实践中。

对于顺丰速运这样一家直营快递企业而言，如何保证总部同各分部、各网点之间及时、有效地沟通，是一个大问题。一开始，在这个问题上顺丰速运选择的是普通的传真系统，但在使用过程中，碍于网点数量众多，数量繁多的传真常常堵塞线路，导致传真机短路或死机。后来为了缓解堵塞，王卫引进了新型网络传真机 e-FAX。装上 e-FAX 网络传真机后，各台 e-FAX 网络传真机相连，会形成独立于电话系统的 e-FAX 传真网络，这样不仅缓解了堵塞，还通过将长途传真转为市话传真，大大降低了沟通成本。此外，这种新式网络传真机还具有语音提示、传真群发、失败重发、定时发送、E-mail 与 e-FAX 互发、传真通报等功能，有效地提高了员工的工作效率。

除了巴枪和 e-FAX 网络传真机，顺丰速运还引进了一套可以代替人工，但是售价昂贵的快件自动分拣系统。在外人看来，建立信息化系统、打造信息网，只是顺丰速运在某个阶段的发展战略，但实际上那是王卫一直以来的追求。早在多年前，在深圳召开的首届物流系统解决方案展览会上，展示过一套物流信息化平台方案，这套方案内容丰富，涵盖客户服务系统、配送系统、运输系统、仓储系统等多个层面，前去观展的王卫马上意识到，这个方案的设计与顺丰速运的发展十分契合，于是他当机立断，订购了这套系统，并与深圳电信公司合作，建立了顺丰速运深圳呼叫中心。有了这个呼叫中心，客户的需求就有了更多的保障。只要客户拨打顺丰速运的客户服务电话，提出需求，呼叫中心就会向距离客户最近的快递网点发送指令，尽可能地满足客户的这些需求。

此外，顺丰速运总部还会通过 GPRS 定位系统对运送过程中的货车进行实时掌控。顺丰速运为自己的每一辆送货车都配备了 GPS 全球定位系统，通过该系统，顺丰速运可以精确地掌握快件的位置，如果快件在运送途中出现问题，总部就能做到有据可查，及时处理。

借助高科技的力量武装自己，全力打造竞争优势，使顺丰速运顺利步入了发展的快车道。

7. 营销也要与众不同

在这个注重名人效应的时代，很多企业为了突出企业形象，提高公众的关注度，不惜重金聘请其他领域的知名人物，为自己的企业做形象代言。在快递行业，这种现象也屡见不鲜。例如，EMS 曾聘请田径运动员刘翔为代言人，联合包裹（UPS）的代言人是演员张丰毅，跨越速运则请演员吴京为之代言。

顺丰速运之所以没有聘请名人代言，并非舍不得花钱，其根本原因还在于王卫与众不同的经营思路。

作为快递行业的龙头企业，顺丰速运一直奉行"优质的服务就是最好的营销，优质的服务胜过其他任何营销手段"的经营理念。多年来，顺丰速运坚持着眼于客户的需求，在保证快件运送速度的前提下，不断完善服务，提升客户体验。

快递员是直接对接客户的窗口，员工的言谈举止代表了公司的整体形象，因此，顺丰速运会对公司里所有的快递员进行统一培训和管理，并将"注意仪表仪容，讲究礼节礼貌，言行文明"等要求列入员工手册；为了培养快递员认真负责的工作态度，顺丰速运还建立了相应的考核制度，对快递员的工作质量进行考核，通过将考核结果与奖金挂钩，来激发他们的工作热情。顺丰快递员良好的形象与专业的态度为顺丰速运赢得了好口碑，顺丰速运这种竭尽所能为客户提供高质量服务的做法，牢牢地抓住了客户的心。

05

跨界转型，布局电子商务

EXPRESS

1. 试水 E 商圈

这是一个电子商务高速发展的时代。电子商务，在十几年前只是一个让人倍感陌生的词汇，现在却已经走进千家万户，改变了人们的消费方式，成为人们生活中必不可少的一部分。时下，电子商务就如同高速旋转的涡轮，动力十足，遍布我们生活的各个方面。

这是一个跨界与融合的时代。一家企业自成立之日起，就以不断发展、壮大为使命，要完成这项使命有两种方式：一种是在单一领域精耕细作，不断扩大市场占有率；另一种是结合自身优势，向与自身业务相关的领域拓展，通过跨界融合，打造综合性的企业发展平台。近几年，越来越多的企业倾向于通过跨界融合谋发展，例如阿里巴巴网络技术有限公司创办菜鸟网络，苏宁电器创立苏宁易购，百度公司推出百度外卖。

"菜鸟网络"的上线，着实使一些重度依赖淘宝件的快递企业把心提到了嗓子眼儿。此前，电子商务与快递企业的关系，一直可谓是"唇齿相依"。电子商务的发展，离不开快递企业的支持，没有快递企业，电商的货物就无法到达客户手中，而电子商务的发展也给快递企业带来了业务量，带来了一定的利润。两者之间"一荣俱荣，一损俱损"。如今，阿里巴巴自建物流体系，正是通过跨界，摆脱对快递企业的依赖的体现，无疑给了那些重度依靠淘宝件的快递企业一记重拳。

既然电子商务可以跨界做物流，理所当然地，物流企业也可以跨界做电子商务。早在2010年，就有数据显示，仅淘宝一家电商平台，一天的包裹量就达到了700万单，而顺丰速运和EMS两家快递企业一天的包裹总量也只有400万单，由此可见，电子商务是一个巨大的市场，对于快递企业来说，试水电子商务，势在必行。如何以一种更有效的方式切入电子商务，而不是单纯地接收电商件，是王卫一直在思考的问题。

2009年，顺丰速运终于迈出了跨界电子商务的第一步。这一年端午节前夕，顺丰快递员在完成收件后，并没有像往常一样对客户道声"再见"就离开，而是向客户推销起了粽子。这并不是快递员的个人行为，而是公司统一安排的。没想到，初战告捷，很多客户都很买账，这次小小的尝试让顺丰速运看到了一丝光亮。后来，顺丰速运采用相同的方式又进行了几次推销：中秋节的时候推销月饼，春节的时候推销年货，均取得了不错的成绩。推销这些商品，顺丰速运没有任何风险，因为它借助的是顺丰速运派送优势，再加上在客户群体中积累起来的良好口碑。

2010年3月，顺丰E商圈在广东省工信局完成备案。同年8月，"顺丰E商圈"正式上线。顺丰E商圈除了将当年的"粽子模式"转移到线上，还尝试与便利店合作，打造O2O新模式。E商圈上线运营后不久就赶上了中秋节，当时很多人在E商圈上购买了月饼和商务礼品，E商圈收获了一个"开门红"。

尽管顺丰速运试水E商圈获得了前期的成功，但是对于快递涉足电子商务的举措，外界并不看好。有一种观点认为，快递企业之所以跨界电子商务，主要是快递行业的利润越来越低，而同期电商利润却直线上升。快递企业的主营业务是快递，是电子商务的合作者与受益者，它们涉足电子商务，虽然在货运上占优势，但在经营上无法与征战商海多年的电商大佬们相比，因此，快递公司企业跨界电子商务绝不是长久之计。事实上，外界的这种担心也确实不无道理，顺丰E商圈前期的成功并没有带来持续的繁荣，不到一年，顺丰E商圈便慢慢淡出了公众视野。

2. 顺丰尊礼会

2010年前后的中国，电子商务的发展进入繁荣期，越来越多的人将目光投向这个领域，有资本的加大投入，做自己的电商平台；没资本的则开个小网店，借助第三方平台赚取一些利润，电商市场不断扩容。虽然作为试水电子商务的顺丰E商圈失利了，但是顺丰总裁王卫并没有因此丧失进军电子商务的热情，经过长时间的筹划，2012年3月，顺丰速运的又一个电商平台"尊礼会"浮出水面。

如果说顺丰E商圈是一个大众化的电商平台，那么尊礼会则是一个主要出售专业礼品的电商平台。一如顺丰速运的主要业务是中高端商务件，尊礼会也定位于中高端，主要面向中高端商务人士，对客户的管理采用带有会员准入色彩的"会员邀请制"。在尊礼会，客户的购买流程是：先在顺丰线下便利店体验礼品，如果对产品感到满意，则可在尊礼会这个线上平台选择该商品，通过顺丰速运自营的第三方支付平台"顺丰宝"进行网上支付，最终完成购买。完成购买流程后，客户只需稍等些时日，顺丰速运的快递员就会送货上门。

当时的电商市场有专门出售礼品的平台，也有专门出售奢侈品的平台，但是还没有将二者结合起来，即专门出售高档礼品的平台，在这种情况下，尊礼会称得上是电商市场的一个新生事物。对于尊礼会的定位，王卫同样运用了细分市场的策略。中国是一个礼仪之邦，在这里，人们讲究"礼尚往来"，每逢端午节、中秋节、春节等重要节日，人们走亲访友时总是会送给对方一些礼品，用以表达一种情意，而收到礼品的人也会相应地回赠，因此，礼品的销售拥有广大的市场；考虑到顺丰速运现有的客户为中高端客户，将尊礼会定位于中高端礼品市场，恰好能够把顺丰速运的客户转化到尊礼会，从而实现精准定位，满足中高端客户购买礼品的需求。

对于尊礼会的定位，许多人表示不理解，虽然中高端礼品的单价高于普通礼品，但是相较于普通客户，中高端礼品的消费者——中高端客户，是一个人数更少、更为小众的群体，这就导致出售中高端礼品的整体利润不高。对此，中国快递咨询网首席顾问徐勇则给出了另一种解读，他认为尊礼会不同于传统意义上的电商平台，推出尊礼会实际上是在为顺丰速运的主营业务——快递，做配套服务，通过电子商务促进快递业务量的进一步增长。不过，也有观点指出，顺丰速运此次进入电商领域，与天猫、京东、当当、苏宁易购等电商巨头进行角逐存在很大的风险，或可能不仅没有创造更大的盈利，而且连原有的快递业务也会因为精力的分散而缩水。

最终，尊礼会的探索没有成功，作为一个创业性的项目，它缺少成熟的商业模式，同时在人力和物力的投入上也很薄弱，没有建立品牌的核心优势。但是，顺丰速运在电商市场上的探索还在继续。

3. 顺丰优选

对于如何实现向电子商务的跨界，顺丰速运并没有明确的方向。从"E商圈"到"尊礼会"，顺丰速运通过不断的试错，在摸索中前进，尽管两次试水接连失利，但是王卫并没有放弃。2012年5月，顺丰速运又一个产品"顺丰优选"正式上线。

与E商圈和尊礼会一样，顺丰优选依旧是一家电子商务网站，不同之处在于，它的定位是"全球美食优选网购商城"，主打生鲜食品的销售。在顺丰优选的官方网站上，顺丰速运用四个关键词突出了它的优势：全球美食、产地直采、全程冷链、顺丰直达，简单的16个字，显示了对这个项目的用心，更体现出顺丰速运打造电商购物平台的决心。

与其他的生鲜食品购物平台相比，顺丰优选对自身有着更高的标准和要求。"全球美食"代表了顺丰优选要让客户足不出户就可以品尝到世界各地的特色生鲜的决心。"产地直采"是顺丰优选对客户的承诺——顺丰优选出售的美食均来自原产地，不接受倒卖。对于如何保证生鲜的新鲜度，顺丰优选的回答是"全程冷链"——斥资打造专属的冷链物流，全程保鲜。"顺丰直达"——依靠顺丰速运强大的派送网络，以最快的速度送达。作为顺丰集团跨界电子商务的又一次尝试，较之E商圈与尊礼会，顺丰优选是一个相对更成熟的概念，但是在实际运营过程中，顺丰优选还是不可避免地遇到了许多困难，关于这一点，我们可以从顺丰优选频繁更换掌门人一事上窥见一斑。

顺丰优选的首位掌门人刘淼，上任仅5个月便低调离职，顺丰优选掌门人的职位由顺丰集团副总裁、顺丰航空公司总裁李东起兼任，一年多后原凡客副总裁崔晓琦接棒李东起，成为顺丰优选的第3任掌门人。作为掌管顺丰优选时间最长的一任掌门人，崔晓琦曾在顺丰优选推行一系列的改革措施，这些措施在一定程度上促进了顺丰优选的发展。2015年5月，崔晓琦出席了第四届中国国际农商论坛，其间他曾向外界透露，自己进入生鲜电商行业这一年半里，几近绝望，绝望的原因，究其根本就是"生鲜电商实在难做"。论坛结束后不到10天，崔晓琦就向顺丰集团正式递交了辞职申请。2015年5月底，连志军接替崔晓琦，成为顺丰优选第4任掌门人，但是，他就任不到一年，同样选择了离开。四年四度易帅，足见顺丰优选的探索之路并不顺遂。

尽管发展缓慢、困难重重，顺丰优选还是取得了一些成绩。

2013年年初，顺丰优选开通了上海、广州、深圳三个城市的配送业务，在接下来不到一个月的时间里，顺丰优选的流量上涨了一倍，上涨幅度虽不大，但在同期其他竞争者的流量均呈现20%～40%的下滑态势下，顺丰优选还能保持小幅的上涨实属不易。2014年11月，顺丰优选当月接到的订单量超过19万，与10月相比上涨超过1500%，当月销售额达7200万元，与10月相比上涨超过1700%。2016年，顺丰优选荣获"2016最受北京市民喜爱的十大农业电商"奖项。

4. "嘿客"的前世今生

对于电子商务领域的探索，王卫从未止步。顺丰优选上线两年后，顺丰优选的线下体验店——顺丰嘿客诞生了。2014年5月18日上午9点58分，顺丰嘿客在全国范围内的518家同时开业，引起了外界极大的关注。人们发现，"嘿客"与电脑入侵者"黑客"同音，不禁联想到：顺丰速运此次是想像"黑客"入侵电脑一样入侵电商界？事实上，在王卫的规划中，嘿客应该是一家便利店，但是它与我们所熟悉的便利店不同，嘿客里的商品很少，在那里，人们既看不到满货架的点心，也看不到成箱的饮料，店内的墙壁上贴满了各种商品的海报，客户如果想要买东西，可以通过店内的触屏机在线购买，无法现场提货。除了几台触屏机，店里还会提供如话费充值、订飞机票、水电费缴纳、寄取快件、冷链物流、试衣间、洗衣、家电维修等多项便民业务。

跨界转型，布局电子商务 05

也许你会觉得，比起便利店，嘿客更像是一个综合性的社区服务平台。没错，这就是王卫的构想，也是他建立嘿客的初衷。嘿客承载了许多重要的功能，它是顺丰速运实现"速运＋顺丰优选＋顺丰移动端＋金融＋社区O2O服务平台＋农村物流"布局的重要媒介。王卫希望借助顺丰速运强大的快递派送网络，将线上交易平台与线下体验店相结合，从而打造一个崭新的顺丰商业帝国，实现顺丰速运的转型与多样化经营。

这种构想很全面，前景也很诱人，在对顺丰嘿客的前期规划中，作为顺丰速运的主打项目，嘿客要选址高档社区，在全国开设4000家门店，为社区内及社区周边的居民一站式生活服务。理想很美好，但是现实很残酷。开业后，嘿客的热闹只持续了很短的时间，顺丰速运不得不放缓扩张嘿客的步伐。2015年5月18日，是顺丰嘿客的周年纪念日，这一天，顺丰速运将"嘿客"升级为"顺丰家"。此次升级，嘿客从门店形象到客户服务都发生了改变，可谓"改头换面"。2016年，随着"顺丰家"更名为"顺丰优选"，嘿客成为线上交易平台"顺丰优选"的线下体验店。

对嘿客的三年探索，使一向"财大气粗"的顺丰集团付出了较大的成本。顺丰速运上市时披露的一组数据显示：自2013年至2015年，顺丰速运的商业板块的亏损数额分别是1.26亿元、6.14亿元、8.66亿元，三年间亏损总额达到16亿元，究其原因，主要是顺丰自2014年开始集中铺设线下门店所致。

对于嘿客的失利原因，业内人士曾做出如下分析：

一是对消费需求的把握不到位。嘿客的定位是社区服务，但是，社区服务最大的优点是方便快捷，极具体验感，可是客户在嘿客店内却无法获得这种体验感，嘿客所展示的商品，无论是从数量上还是种类上都相对较少，无法激起人们的购买欲望。这样一来，就丧失了将线下客户引流至线上消费的可能。

二是没有找到与竞争对手的差异。嘿客与便利店差不多，却不具备便利店的基本功能。一般来说，便利店虽小，里面的商品却十分齐全，当场购买，当场提货，非常便利。嘿客为了配合顺丰优选出售生鲜的定位，主要向客户提供生鲜商品的线下体验，但是生鲜商品本身并不适合客户体验，这样，嘿客难免尴尬。

5. 跨境电商全球顺

随着利润的不断降低和成本的日益上升，快递企业面临巨大的生存压力，为了寻找新的、稳定的利润增长点，跨界转型成为必由之路。

顺丰速运选择电子商务作为跨界转型的切入点，在连续几年的探索过程中，王卫放眼世界，在跨境电商方面找到商机。

据中国商务部的相关统计数据显示，2013年中国进出口贸易额接近25万亿元，其中跨境电商的交易额约占12%，海淘成为新时尚。2013年9月，顺丰速运低调上线了专业的海淘转寄服务平台"海购丰运"，试水"跨境寄递+海淘"业务。2014年8月，顺丰速运推出跨境电商产品"全球顺"，这是专门面向境外电商的一项服务。

全球顺首批开通"香港—内地"线，首重每千克41港元，续重每千克26港元，全球顺货物的派送时长为7~9天，比"内地—香港"线的标准快件的派送时间多出5个工作日左右，在费用方面，全球顺仅仅是"内地—香港"线的标准快件的60%。比较特别的一点是，全球顺业务要求客户统一做件、包装，在约定时间段将快件集中送至指定的营业网点或中转场，且保证每月500单以上的派送量。

对于全球顺的推出，有业内人士给出这样一种解读：顺丰速运放眼全球，是王卫抢占发展先机重要的一步，体现了顺丰速运的全球化战略。

6. 顺丰大当家

从试水 E 商圈到顺丰尊礼会，再到顺丰优选、顺丰嘿客，顺丰速运一直没有停下跨界电子商务的脚步，每一个项目相对独立又互为补充，尊礼会定位于中高端，实行"会员邀请制"，专门面向中高端客户出售礼品；顺丰优选借助顺丰速运的派送网络优势，主打生鲜售卖；顺丰嘿客则作为顺丰优选的线下体验店，力求为顺丰优选做客户引流。尽管由于种种因素的限制，这几个项目或者不幸夭折，或者未能取得亮眼的成绩，但是这并没有影响顺丰速运进军电子商务的步伐。2016 年 6 月，顺丰速运的新面孔"顺丰大当家"上线了。"大当家"是一个生鲜电商平台，所出售的商品涵盖水果、海鲜水产、肉蛋食材、干果零食、鲜花绿植等 8 个品类，所有商品享受顺丰包邮和快速理赔等售后服务。

同样出售生鲜，"顺丰大当家"与"顺丰优选"有什么不同呢？

从运营模式上来看，顺丰优选与嘿客相配合，一个线上售卖，一个线下引流，打造了新的零售模式；顺丰大当家在支付宝开通专用的生活号，依托支付宝，推介顺丰大当家的产品，客户只要登录支付宝，就可以通过支付宝进入顺丰大当家的界面，选购商品。从运营团队和定位上来看，顺丰优选是一个商业平台，它既包括线上电商，也包括线下门店，账号主体为深圳市顺丰商业有限公司；顺丰大当家则是一个完全的线上交易平台，其账号主体为顺丰丰觅科技有限公司。

从 2009 年到 2016 年，顺丰速运先后推出了顺丰 E 商圈、顺丰尊礼会、顺丰优选、顺丰嘿客、顺丰大当家等一系列产品，对跨界电子商务表现出了极大的热情，对此，王卫是这样解释的："我们的未来，是要走到很多行业里面去，做深很多行业，而不只是做'最后一公里'的仓库配送。用科技的手段对这个行业进行提升，才是顺丰未来的方向。"

06

与金融"联姻"

EXPRESS

1. "顺丰宝"挂牌"营业"

多元化发展一直是顺丰速运前进的方向,为了提升顺丰速运的竞争力和抗风险能力,尽快完成跨界转型,王卫带领他的团队在电子商务领域深耕细作。曾有人断言,未来物流与电子商务必将融合,融合之后,阿里巴巴、京东商城和顺丰速运将是最具竞争力的三家企业。在这三家企业中,阿里巴巴和京东商城类似,都是依靠电子商务起家,拥有成熟完善的电子商务平台。随着电子商务的不断发展,它们开始自建物流体系,力图摆脱对物流企业的依赖,与这两家企业的路径相反,顺丰速运依靠物流起家,然后向电子商务领域扩展。

顺丰速运以物流为主营业务,但它的业务不只有物流,还包括信息流、资金流等,多种业务融合,构成了顺丰速运的业务流。由于在各项业务中资金往来频繁,顺丰速运向金融领域延伸,也是顺理成章的事。

2010年7月，伴随着顺丰E商圈的逐步成型，顺丰速运推出了配套支付工具"顺丰宝"。此时，顺丰宝仅限于在顺丰速运内部使用，但是它的诞生已经使王卫打造"现金流、信息流和物流"三位一体的信息交易平台的意图显露无遗。

中国快递咨询网首席顾问徐勇曾指出："第三方支付的存在源于行业本身诚信体系的缺失，消费者、商家以及物流等环节互不信任，为降低经营风险产生了一种过渡业态。"顺丰宝，正是这样一种过渡业态。

顺丰宝与顺丰E商圈相伴而生，它不仅是一个第三方支付工具，还是一个类似于"支付宝"的融社交与支付为一体的平台。顺丰集团旗下大部分实体商业用户间的资金流转都可以通过顺丰宝完成，而顺丰速运的速递业务、代收货款等业务也能够被统一到"顺丰宝"这个顺丰速运自己的平台上。

2011年12月21日，顺丰速运通过深圳市泰海网络科技服务有限公司获得中国人民银行颁发的有效期为五年的第三方支付牌照，即从2011年12月21日到2016年12月21日，五年内顺丰宝能够合法开展第三方支付业务。

顺丰宝运行近三年后，顺丰速运低调推出顺丰宝的升级版"顺手付"，顺手付拥有独立域名，向金融领域的拓展更进一步。

2. 顺银金融落地

　　2014年年初，顺丰速运发布了一条招聘启事，引起一片哗然。快递业本就是需要依靠大量人力的行业，人员流动尤其是快递员的流动性更是一直居高不下，快递企业发布招聘信息再寻常不过，此次究竟为何引发热议？从招聘启事中可以看到，应征者受聘后将负责顺银金融的地区性业务，业务内容包括全面制订顺银金融业务组工作计划，沟通并协调地区各项金融相关事宜，确保信贷、支付等工作顺利开展。招聘启事里"顺银金融"四个字赫然在目，原来，此次招聘并不是一次针对快递员的常规招聘，而是为顺丰集团旗下又一金融交易平台"顺银金融"招兵买马，无怪乎引发热议。从这则招聘信息可以看出，顺丰速运正在招贤纳士，进一步加大对金融领域的探索。顺银金融成功落地，将通过用户与电商方面的结算、代收货款等专业增值服务，实现现有物流业务与物流系统之间的无缝对接。此外，顺银金融已经收获第三方支付领域中的又一牌照——银行卡收单牌照。所谓银行卡收单业务，是指银行和非金融支付机构等收单机构通过受理终端为特约商户提供的受理银行卡（包括信用卡）并完成相关资金结算的服务。据顺银金融的一位高管透露："虽然获得了两大第三方支付牌照保障，但顺丰的金融交易业务主要还是纯粹做内部服务，是整合升级集约化功能系统的一个工具。而银行卡收单则瞄准的主要是顺丰的客户，尤其是为合作的电商企业提供支付、供应链融资等服务。这一针对内部支付业务的工具目前正在加速整合，两三年内不会对外。"据国家相关规定，在我国，凡是从事和开展金融类增值服务的企业，必须拥有商业保理、小额贷款、基金支付等牌照，因此这些与金融业务密切相关的牌照的获得，必将进一步助推顺丰速运在金融领域开展业务。

3. 互联网金融的商业版图

顺丰速运上市以后，一些细心的人士发现，其上市资产中并不包括金融板块。事实上，顺丰速运并不是采取这种上市策略的第一人。当初，阿里巴巴在美国纽交所上市时，也没有将其核心金融资产"支付宝"纳入上市资产。仔细盘点顺丰速运的金融版图，可以发现，原来顺丰速运已经在金融领域走了很远，业已占据一定的市场。在顺丰速运的上市公告中，披露了至少5家与顺丰金融业务相关的公司。

2016年8月，鼎泰新材（马鞍山鼎泰稀土新材料股份有限公司）发布公告称，顺丰速运将旗下全部金融资产进行剥离，直接或间接持有的合丰小贷（深圳市顺丰合丰小额贷款有限公司）、乐丰保理（深圳市顺诚乐丰保理有限公司）和顺诚融资租赁［顺诚融资租赁（深圳）有限公司］资产100%的股权，分别以2.99亿元、0.51

亿元和 3.67 亿元，三项合计 7.17 亿元，转让给王卫所持有的明德控股（顺丰控股的股东）或其指定的除顺丰控股及其子公司之外的第三方。公告发布一个月后，顺丰控股向明德控股转让其持有的深圳中顺易金融服务有限公司 31.8% 的股权及深圳市物流产业共赢基金股份有限公司 10% 的股权，转让完成后，顺丰控股不再持有中顺易、共赢基金股权。

在中国，互联网的发展及新技术的不断涌现，使得资金融通、支付、信息中介的新兴金融模式与中国传统金融业结合起来，形成一种新生的业态，它不同于银行与银行之间的非直接性融资，也不同于资本市场的直接融资，阿里巴巴、京东、苏宁等许多大型电商企业纷纷借此推出互联网金融业务，并拿到各类金融牌照，从而在互联网金融领域中如鱼得水。顺丰速运作为快递行业的领军者，也一直在金融领域发力，借助互联网发展的迅猛势头，向互联网金融领域进军。广东是顺丰速运的大本营，也是改革开放的前沿，这里的民营经济发达，发展机会多，金融政策相对完善。顺丰速运在这里起家，根基深厚，其完善的派送系统成为它进入金融领域实打实的筹码。对于进军金融领域，王卫的策略是：更接近供应链端，并提供相应的仓储配送、代收和垫付货款、逾期退费等多种增值服务个性化方案。

在顺丰速运内部，也非常重视对金融服务产品的运用。顺丰速运上市时，王卫通过顺丰旗下的 APP "顺手付" 给公司内部员工派发了总额达 14 亿元的红包。"顺手付"是顺丰恒通支付有限公司旗下面向大众推出的金融服务产品，它的主要功能包括扫码收（付）款等支付功能和以"顺手赚"为代表的货币基金理财。"顺手赚"是顺丰集团与易方达基金合作推出的一款理财产品，7 日年化收益率达 3.75%。外加顺丰速运低调注册顺丰银行、顺丰支付等一些金融类域名，以及其在电子商务、冷链运输、O2O 等方面的布局，顺丰速运的互联网金融的目标越来越清晰。

2014 年，国务院总理李克强在"两会"上做政府工作报告时强调，要"促进互联网金融健康发展，完善金融监管协调机制，密切监测跨境资本流动，守住不发生系统性和区域性金融风险的底线。让金融成为一池活水，更好地浇灌小微企业、'三农'等实体经济之树"。可以说，王卫大力发展互联网金融的决策正是紧跟国家大政方针政策的体现。

4. 开启移动互联网终端

什么是移动互联网终端？它是一个设备，是通过无线上网技术接入互联网的终端设备，它的主要功能就是移动上网。手机、平板电脑等都属于移动互联网终端设备，虽说它是近些年才兴起，却以迅雷不及掩耳之势火遍全球。现在，很多人每天都会翻看的微信，就是通过移动互联网终端设备完成交互的，而依靠微信的朋友圈功能和组建微信群，人们还可以进行抢红包、卖货、购物等一系列线上活动。

移动互联网的迅猛发展，对许多传统行业形成了巨大的冲击。以传媒业为例，曾经，人们的生活被书籍、报纸等大量纸质媒体占据；如今，传播速度快、传播范围广的网络新媒体正大肆侵占人们的时间。

在零售业，百货商店、超级市场等传统的实体零售形式也受到网络购物大潮的剧烈挤压，许多商店不得不关门大吉。不仅如此，支付宝、余额宝、QQ钱包、微信支付等第三方支付平台更是几乎把传统金融行业的业务抢走了大半。

移动互联网的特性，在于能最大限度地打掉中间环节，提高效率，最大限度地争夺终端用户。"得终端者得天下"，这就是互联网变革带给人们的机遇与挑战。

2013年，顺丰速运与微信联手，在微信平台推出了自己的服务账号，率先推出微信公众服务号下单服务。这项服务为用户提供电子运单，用户常用的寄（收）件地址也将被自动保存在地址簿中，客户只需动动手指，通过手机或者电脑关注顺丰速运的微信公众账号，在账号中选择相应的寄送地址，填写好电子运单，就能够完成下单流程。接下来，顺丰速运会派快递员上门取件。为了配合该项服务，顺丰速运为每一位快递员都配备了打印机，以便于快递员在收件的时候直接打印电子运单，为客户省去一些不必要的麻烦。此外，客户完成寄件流程后，还可以通过顺丰速运微信公众账号随时查询快件的方位，掌握快件的整个运送过程。

在推出微信服务平台以前，人们寄快递的流程是：给客户服务部打电话，告知发货地址，然后等待快递员上门收件，快递员上门时，会给客户一张纸质运单，供客户填写收件人的姓名和收货地址等信息，最后，快递员再根据货物的重量及运送距离收取运费。一个流程下来，相当费时、费力。顺丰速运的这个收取快件的新尝试，极大地方便了客户，很自然地吸引了乐于尝试新鲜事物的年轻人。这项服务上线后，顺丰速运微信公众服务号的订阅用户越来越多，据顺丰速运的统计数据显示，该公众号日均收取订单30万件，每天通过公众号查询运单状态的用户数量达10万人。

随后，顺丰速运又在一些地区试点微信支付服务。用户通过顺丰速运微信公众服务号下单时，可以选用微信支付进行付款，快递员上门取件，用户也无须准备现金，只需打开微信，使用"扫一扫"功能，进入微信付款页面完成付款，整个过程简单便捷，很好地解决了过去线下支付中常常遇到的找零的麻烦。对于推出这项服务的初衷，顺丰速运相关负责人表示："我们希望提供一个比较好的电子化渠道，从细节入手，从最简单的付款环节开始，为用户提供更加轻松便捷的寄件体验。在这个过程中，微信充当了一个很好的平台。"

为了提高微信平台的吸引力，顺丰速运除了开发"公众号下单+微信支付"服务，还研发并推出了许多特色功能，如寄件人下单后，微信会及时告之即将上门收件的快递员的姓名、电话、工号等信息，如若客户需要，还可以查看收派员的照片。此外，还有"通关服务""顺丰传情""天气问问"等功能，均进一步提升了顺丰速运服务质量。

对此，有分析人士指出："微信提供了一个撬动快递行业互联网化的支点。"可以说，移动互联网的快速发展，对物流业的影响是双

与金融"联姻" 06

重的，既有机遇，也有挑战。如何掌握最新、最全的供求信息，为客户提供更高效、更快捷的服务，是每个快递企业都要面对的问题。

顺丰速运积极采用新技术、拥抱新模式，旨在为客户提供更多新鲜的体验。顺丰速运相关工作人员表示，总部将根据试点情况向全国范围内的客户推广公众号下单和微信支付等服务，让每一个用户都可以享受到顺丰速运优质、高效、便捷的服务。

07

顺丰的企业管理

EXPRESS

1. 探寻适合企业自身的管理模式

从创立初期仅 6 个人的团队到如今拥有 40 万名员工的大企业，顺丰速运的成功有目共睹，时常有人向王卫请教管理企业的秘诀，对此王卫总是淡淡地回答："哪有什么秘诀，运气好而已。"明眼人自然明白，那不过是王卫的谦逊之词。企业管理是一个十分繁杂的系统，涉及企业运营的方方面面，顺丰速运能够发展壮大，取得今天的成就，必然有其独特的管理之道。

回顾顺丰速运的发展历程，以 2002 年顺丰集团总部的成立为界，王卫对顺丰速运的管理可以分为两个阶段。在 2002 年以前，顺丰速运与它的很多同行一样，采用加盟的模式进行企业管理。那时，顺丰速运的加盟网点分散在全国各地，管理权也被下放给各个网点的加盟商，统一的规章制度的缺失，导致了一定程度的混乱，没有可供依循的标准，限制了顺丰速运品牌形象的打造。2002 年，王卫在深圳成立顺丰集团总部，改加盟模式为直营模式，将分散在加盟商手中的管理权全部收回，自此，顺丰速运开启了统一管理的时代。在这个阶段，顺丰速运主要通过四个方面完成了对企业的规范性调整。

第一，制定规范的招聘流程，及时了解和反馈新入职员工与离职员工的需求和动向。"人力"是关乎企业发展的重要资源，快递行业更是一个重视人力资源的行业。作为国内颇具影响力的雇主品牌，顺丰速运对于人才的选拔十分严格，应聘者自报名起，大多需要经过面试、笔试、复试、岗前体验等多个环节层层筛选，只有认同顺丰速运的企业文化、发展理念，适应顺丰速运的工作强度的应聘者才能通过考核。此外，员工入职3天后，顺丰速运的招聘人员还需要对他们进行访谈，了解他们对顺丰速运的印象，鼓励他们提出自己的要求、建议和想法。员工入职满一个月后，人力资源部门会组织新员工座谈会，以了解他们的需求。如果有员工离职，在他们离职一个月后，人力资源部门会对其进行电话回访，对于离职率较高的快递网点，集团还会组织相关人士进行走访，以便发现问题，及时改进。

第二，清晰划分岗位职责，加强对员工的培训。从造字法上来看，"企"是一个会意字，一"人"一"止"合而为"企"，有"人"则"企"，无"人"则"止"，企业的发展离不开人的支撑，离不开人才的支撑，员工各司其职、各展所长，企业才能有序发展。一家成功的企业，一定会重视人才，聚集并造就高素质人才。在顺丰速运，岗位职责划分非常清晰，且常年组织对员工的培训，培训方式有线上、线下两种方式，培训类型有对新员工的入职培训、对老员工的业务技能强化培训，还有对未能通过业务考核的员工进行的具有针对性的培训。

第三，为员工提供合理的薪酬和良好的发展平台。员工是企业的生命线，企业的发展离不开员工的努力，留住员工，企业才能拥有持续发展的动力。对于员工离职的原因马云给出的解释非常到位，他认为，虽然员工离职的原因各种各样，但是归结起来多半离不开两点：一是钱给得不到位，二是干得不开心。所以，企业想要留住员工，就得给予他们合理的薪酬和良好的发展平台。

在快递行业，一线快递员流失率极高，早已成为一个行业顽疾，令各家快递企业头痛不已。特别是在每年的春节前后，这个快递业务量爆发性增长的时段，一线快递员的流失率也达到最高。为了改变这种状况，一些快递企业花费了巨大的精力，绞尽脑汁面向快递员推出了各种福利，比如调休、加薪、增加提成比例等，不一而足，目的只有一个：尽可能地留住快递员，避免过多的流失。

在这些快递企业中，顺丰速运是个例外，它似乎没有这些烦恼。尽管它也有员工流失，但比例极低，一年下来，流失率不到30%。这样的流失率不会影响发货、送货的速度，能够保证公司在任何时间段维持正常的运转。近几年春节过后，顺丰速运的员工报到率均达到90%以上,像其他快递企业那样急于招聘一线快递员的景象并不会在顺丰速运上演。

其实,顺丰速运得以留住员工的秘诀只有一个,那就是善待员工,心怀感恩,努力为优秀的人才打造好的成长环境,帮助员工成长,让每一名员工都可以实现自己的理想和价值,更加愉快地工作,过上有尊严的生活。详细说来,薪酬方面,由于顺丰速运对员工发放薪水采用"计件制",且"上不封顶",所以,顺丰速运的员工平均工资在同行业中名列前茅,特别是在北京、上海、广州等一线城市,顺丰速运的员工月薪过万是普遍现象。在高薪之外,顺丰速运还十分关注企业内部员工的成长,坚持从企业内部提拔人才,针对不同员工的性格与发展意愿,从管理能力和专业能力两个方面分别打造了一条人才发展通道,以便于他们尽快地实现自己的人生目标。这样,有理想、有计划、有目标、有管理能力的员工,就进入管理通道,而专业能力强,专注于业务发展的员工则可以进入专业发展通道。在这种机制下,"外来的和尚会念经"的情况不再普遍,员工通过内部选拔、培养、考核,得以一步一步地成长,只要是人才就绝对不会被埋没,只要有能力,最基层的快递员也可以成长为企业的副总裁。

第四,提升员工的福利待遇,解决员工的后顾之忧。为了让员工体面工作、安心工作、快乐工作,顺丰速运从细微处着眼,通过与医院、企业、政府、学校等多方沟通,最大限度地在医、食、住、教四个方面为员工争取相关资源，员工可以凭借自己的工牌享受到很多实实在在的优惠。

医，是为了保障员工的健康。对任何人来说，健康问题都是要摆在首位的，没有健康的身体，一切都无从谈起。快递员的工作非常辛苦，为了尽可能地保障他们的健康，解决员工就医难的问题，顺丰速运与医院合作，打通了体检和重病救助等多条快速通道，在部分城市，顺丰速运员工家属也能够享受同样的福利。

食，是为了保障员工的生活质量。顺丰速运为员工打造了十分完善的餐饮福利体系，在顺丰速运，每名员工都有一张就餐卡，凭借这张卡，员工可以自主选择在园区食堂用餐、在线订餐或者外出到餐厅用餐。在餐饮费用方面，员工每天还能得到一定数额的用餐补助。此外，针对有烹饪需要的员工，顺丰速运的电商平台"顺丰优选"会以更优惠的价格向他们出售油和大米。

住，是为了帮助员工安身立命。一线快递员的家庭条件大多不是很好，尽管他们的薪酬较高，但还是无力承担高昂的住房成本。为解决这个大难题，顺丰速运积极地与政府沟通，为员工争取到了更多住房福利，使他们花费更少且能住得更好。例如顺丰速运（北京）就与自如友家（公司名称）合作，让在自如友家租住的员工凭工牌就能享受较大的折扣。

教，是为了保障员工的发展。顺丰速运与北京科技大学、华中师范大学、北京外国语大学、南京邮电大学等高校推出教育合作项目，为员工开设中专升大专、大专升本科等课程，并在学费方面给予优惠，用以提升员工自身素质。此外，顺丰速运上海区则更进一步，竭力帮助员工解决其子女入学等问题。

2. 练好内功,打造"经营五元素"

企业管理不是一劳永逸的,社会在发展,时代在变迁,企业的经营也面临诸多挑战,在这种情况下,企业只有练好内功,才有能力抵御风险,才有可能在激烈的竞争中立于不败之地。在顺丰速运内部,王卫的"经营五元素"尽人皆知,这也是他的管理法宝。所谓"经营五元素",即质量、品牌、市场占有率、利润和抗风险能力。在这五个元素中,质量是起点,好的质量帮助企业形成品牌,有了品牌,就能提高市场占有率,较高的市场占有率为企业带来利润,利润支持着企业提升抗风险能力,有了较高的抗风险能力,企业就有了稳定的生产环境以保证产品的质量。五个元素相辅相成、互为支撑。

顺丰速运的"经营五元素"到底是如何打造的呢?

"经营五元素"之一——质量。质量是顺丰速运稳步发展的基石。

对一个快递企业来说，质量主要体现在派送速度和派送服务两个方面，因此，派送速度快、派送服务好，是顺丰速运一直以来的追求。为了提升派送速度，顺丰速运首开先河，租用飞机运输快件，后来更一掷千金购买飞机，并组建自己的航空网络；为了保证良好的派送服务，顺丰速运始终坚持"有所为有所不为"，保持中高端的定位，以商务件派送为主要业务。

"经营五元素"之二——品牌。品牌是企业的灵魂。企业品牌的铸就非一日之功，它需要恒久不变的坚持。王卫将顺丰速运的管理与品牌的塑造相结合，与时俱进，不断创新，专注于人才梯队的建设，提高管理水平，通过给员工提供广阔的发展空间，激发员工的工作热情，积极探索客户的需求，想客户之所想，力图为客户提供优质的服务。

"经营五元素"之三——市场占有率。市场占有率以质量和品牌为基础。企业只有提升质量、树立品牌，才能提高市场占有率。用过顺丰速运发送快件的客户都知道，它的派送费用在同行业中是最高的，但这并不妨碍客户选择它、喜欢它。顺丰速运以商务件等小件货物的运送为主要业务，坚持中高端定位，多年来一直保持着很高的市场占有率。

"经营五元素"之四——利润。利润是企业得以持续运转的基础。科学地运营管理使顺丰速运成为国内快递行业的领军企业，收获了丰厚的利润。有了利润的支撑，顺丰速运得以在保证快递业务正常运转之外，向电子商务领域进军，为企业发展谋求新的利润增长点。

"经营五元素"之五——抗风险能力。增强企业的抗风险能力是企业发展的重要环节。顺丰速运在经营过程中时刻注意保持警惕，以前面四个经营元素为基础，通过对风险的预判和企业管理水平的提升，增强自身的抗风险能力，从而能够泰然面对激烈的竞争和来自各方面的挑战。

3. 靠心法四诀避免"走火入魔"

顺丰速运的"经营五元素",既是一种经营理念,也是一种管理思维。管理思维是企业的外功,但不是企业经营的全部,如果执着于修习外功而不关注内功的修为,是非常容易"走火入魔"的。那么,顺丰速运管理的内功心法都包括什么呢?经过长时间的摸索,王卫将之归结为"四诀",也叫"四心",即爱心、舍心、狠心、恒心。这"四诀"与"经营五元素"共同作用于顺丰速运的日常运营与管理。

"四诀"之一,是爱心。爱心,就是内心要时刻充满爱,既对客户充满爱,也对员工充满爱。从企业管理的角度来看,爱心源于同理心,也就是换位思考,站在客户、员工的角度想问题、看问题。爱心的前提是真心,至真至纯,没有一丝一毫的虚情假意。王卫强调,顺丰速运所有的员工都是一家人,他们支撑着企业的发展,没有这些员工，就不会有顺丰速运今天的成就。所以，大家要带着家人一般的感情去关心、关爱身边的同事。

对于领导者而言，这一点尤为重要。2016年，顺丰速运的一名快递小哥因为操作不慎，使自己驾驶的快递车剐蹭到一辆私家车，遭到该私家车车主掌掴。事件发生后，顺丰速运方面回应称："我们的快递小哥大多是二十几岁的孩子，他们不论风雨寒暑穿梭在大街小巷，再苦再累也要做到微笑服务，真心希望发生意外时大家能互相理解，互相尊重。我们已找到这个受委屈的小哥，顺丰会照顾好这个孩子，请大家放心。"随后，王卫也针对此事表态："我王卫向所有的朋友声明，如果这事不追究到底，我不配再做顺丰总裁！"顺丰速运在此次事件中所展现出的态度，是顺丰速运对员工的关爱之心的最好注解。

"四诀"之二，是舍心。这一点，与中国的传统文化相契合。在中国的传统文化中，"舍"与"得"相对，舍得，舍得，有舍才有得。顺丰速运的舍心，就是说要慷慨地与员工分享。快递行业是一个特殊的行业，它对人力的需求非常高。就顺丰速运来说，它的40多万名员工中有30多万人是一线快递员，他们活跃在物流的最前线，他们是顺丰速运发展进程中不可缺少的元素。王卫明白，顺丰速运的业务量和利润的递增在很大程度上得益于这些基层员工的努力，提升员工的福利待遇就是顺丰速运对他们最好的回馈。

顺丰速运创立初期，王卫也曾亲身参与快件的收送，一线快递员劳动强度大，工作时间长，无论是酷暑还是严冬，他们都奔走在行业的最前端为客户服务，对于这些一线快递员的艰辛，王卫深有体会。因此，当企业有了发展，他对员工也舍得付出，舍得与他们分享创业的成果。顺丰速运推出了"按件计酬"的激励机制，让一线快递员能够获得丰厚的收入，让员工的付出能够得到等价甚至更高的回报。

"四诀"之三，是狠心。狠心，不是没有意义的狠，而是出于爱与舍的狠。在顺丰速运这个大家庭中，有不少年轻员工只有二十多岁，对于他们，王卫的角色既是"慈母"——给予他们尽可能多的关爱，也是"严父"——严格要求他们提升业务素质，杜绝违背职业道德的行为。顺丰速运制定了严格的考评制度，对员工进行统一管理，一旦员工出现诸如倒卖或泄露客户个人信息、盗取客户运送的物品等不良行为，公司将立即对该涉事员工予以开除处理。顺丰速运对员工的管理，同父母对孩子的管教有很多相似之处，顺丰速运的狠心是期望员工成长、成才的狠心。

"四诀"之四，是恒心。恒心，就是坚持做，长期做。在王卫看来，企业管理最忌讳的就是"朝三暮四"，今天这样执行，明天那样执行，一时一变，企业的管理就会陷入混乱，会不受控制地偏离航向。顺丰速运始终坚持中高端的企业定位，始终坚持对质量的把控和对品牌的塑造，这种不懈的追求，成为顺丰速运不断向前的原动力。

4. 让所有人心态归"零"

在一家企业里，管理者的心态和员工的心态是互相影响的，管理者心态良好，员工的心态会更加积极向上，这家企业也会更具发展前景。

2010年顺丰速运开始探索跨界电子商务之路，"顺丰E商圈""顺丰尊礼会""顺丰优选"等一系列电子商务平台接连上线，直到今天，只有"顺丰优选"的运营小有成绩。

2014年，顺丰速运进行新业务探索时，王卫没有引进太多的外部人才，他希望公司内部的员工能够通过锻炼掌握一些适应变革需要的新技术，从而快速成长起来，承担起企业发展的重任。然而，新业务的探索并没有想象中那么顺利，经过深刻的反思，王卫提出："我们的很多同事背的包袱太重了，限制了自己的发展。这个包袱就在于，过去我们是单纯地送快递，大家都习惯了这套思路和做法，不自觉地就把这一套做法套用到新的业务领域。"诚然，用老思路做新业务，成功的可能性很小，因此，王卫一再告诫员工："别把以前的经验当作'宝'，你所以为的'经验'很可能是一种'包袱'，进入一个全新的领域，要有归零的心态。我认为背太多'包袱'是制约我们2014年新业务发展的重要原因之一。"

除了强调心态归零，王卫还强调企业的文化成长。在顺丰速运，企业文化更多地体现为尊重和低调。王卫一直说一线快递员才是最可爱的人，顺丰速运的业绩是由一线快递员创造的，没有这些在一线辛苦收件、派件的快递员，就没有顺丰速运的发展，所以，顺丰速运始终强调对员工尤其是对一线快递员的尊重。这种尊重，是不剥削员工，让员工能够按劳取酬；这种尊重，是当发生快递员被打事件时，挺身而出，坚决捍卫快递员的权利；这种尊重，是企业上市时，邀请快递员和客户服务代表一同出场敲响上市的钟声。当被人问起如何管理员工时，王卫总是回答："员工要尊重，给他尊重；要收入，给他收入。""当他月收入上万，他会要你两千块的手机吗？如果真有人拿了这两千块的手机，我会不计代价地去查，即使是五百块的手机也要往下查。人都是趋利避害的，只要明白了这一点，那么即便是拥有40万名员工的企业，也没什么难管的。"企业尊重员工，员工自然也会用尊重来回报企业，这就是最好的管理。

随着顺丰速运的发展壮大，顺丰速运的部分员工容易滋生自负情绪，认为自己是"大企业"的人，高人一等。对此，王卫十分不认同。王卫一向低调，不喜张扬，做人如此，做企业亦如此，他不想让别人这样评价顺丰速运的员工："看，那个人是顺丰的，牛气哄哄。"所以，他以身作则，一再强调要将低调纳入顺丰速运的企业文化。没有人知道，在顺丰速运前行的过程中，市场、政策、环境将会如何变化，但可以确定的是，面对这些变化时，顺丰速运会积极求变，不断调整，也正如王卫强调的："不管怎么变，有一样东西是不变的，那就是公司对待所有员工的'心'，依然很正、很真、很纯。我们做任何事情，包括内部改组，都会优先考虑到我们的员工。"

5. 诚信管理

马云说:"小企业成功靠精明,中等企业成功靠管理,大企业成功靠的是诚信。"

王卫认为,诚信是顺丰速运生存和发展的基石,自1993年成立至今,顺丰速运始终秉持诚信经营,并因此收获了越来越多的客户的信任。从一家名不见经传的小公司发展到全国首屈一指的大企业,顺丰速运在业内一直有着良好的口碑,无论是在员工的服务方面还是在运送快件的速度方面,顺丰速运堪称行业内的典范,能够取得这样的成绩,在很大程度上得益于它对诚信体系的打造。

提到顺丰速运对诚信体系的打造,就不得不说一段小插曲。大约是在2002年,国家开展了一次全国性的大补税行动。在这次行动中,顺丰速运被查出漏交税款1000万元。当时,顺丰速运刚实行直营模式不久,正处于"多事之秋",在这种情况下,内部的一些人动起了歪脑筋，想以此要挟顺丰总部。王卫察觉到这个苗头后，及时补交了税款，并对此次事件的相关责任人做了处理。王卫从来没有想过偷税、漏税，更不会放任自己的员工去做类似的事情，不只是诚信纳税，王卫在关乎公司运营的各个层面开展规范经营、诚信经营。因此，顺丰速运获得了广东省著名商标、广州市著名商标、中国物流改革开放30年旗帜企业等多项荣誉，并先后成为中国物流与采购联合会理事单位、深圳市航空运输业协会理事单位，得到了来自社会各界的极大认可。

  为了更好地了解顺丰速运在客户心中的形象，倾听客户的声音，王卫非常注重对客户满意度的调查，为了保证调查数据的真实性，多年来，顺丰速运坚持运用不同的方式方法，从不同的渠道入手，收集客户的意见和建议。品牌和口碑的形成非一日之功，顺丰速运对诚信的坚持，全心全意地为客户服务的精神帮助它树立起了优质的品牌形象，为它在行业内外赢得了良好的口碑。

08

这些年，与顺丰并肩而行的同行

EXPRESS

1. 相似的发展轨迹

探寻中国快递业的发展足迹，可以看到，中国的快递业发展时间并不长，起步于20世纪90年代，距今只有20多年的光景。而中国快递行业的元年，应当是1993年。据相关资料显示，中国最早的民营快递企业，是一家成立于1993年，名叫"快客达"的公司。不过，这个"快客达"没有经受住时间的考验，早已偃旗息鼓，如今除了公司名称，几乎找不到有关它的任何一点运营记录。

同样是在1993年，还诞生了另外两家快递企业——顺丰速运和申通快递。这两家公司经过不懈的努力，逐渐成长并壮大，在后来的岁月里对整个快递行业产生了深远的影响。回顾这两家快递企业的发展轨迹，就会发现它们有着许多相似的地方。

1993年，王卫在广东顺德开办了一家小作坊，虽然运作小作坊没有让他赚到钱，却使他看到了快递行业的先机，于是他注册成立了顺丰速运，以替人将信件、货物样品等从内地运送到香港为主要业务。同期，在经济率先发展起来的长三角地区，更准确地说是在浙江省的省会杭州，也有人在开展着相似的业务，他就是申通快递的创始人聂腾飞。

地处长三角经济带的浙江、江苏和上海，是国内较早对外开放的经济区域，随着上海浦东新区的成立，上海地区的进出口贸易变得异常火爆，同时也带动了江苏和浙江的经济发展。但是，问题也随之而来：贸易公司的报关单必须在提出报关申请的第二天送达港口，然而，在当时的市场上，只有国有企业——中国邮政提供此项派送业务，以它当时的派送速度，需要三天时间才能送达。如何解决这个难题？聂腾飞想到了办法，他召集了几个伙伴，扮演起了"捎带人"的角色。白天他们在杭州招揽生意，客户把需要发送的报关文件交给他们，晚上他们坐上开往上海的火车，将这些文件送到指定地点。通过这种私人捎带的方式，他们为客户解了燃眉之急，同时也赚到了一些钱。一段时间之后，聂腾飞在上海注册成立了申通快递有限公司。

还是在1993年，湖北人陈平从日本回到国内，在北京谋生活。最初，他替人跑腿运送货物，一段时间后，他受到日本"宅急便"的启发，于1994年1月在北京注册成立了宅急送公司。这家公司的主要业务同顺丰速运与申通快递类似，不同的是，顺丰速运与申通快递提供的是异地业务，而宅急送最初提供的主要是同城业务。在创业初期，三家民营快递企业各守一隅，相安无事，过了大约三年的时间，随着快递行业不断地发展，这种平静如水的状态被打破。三家企业不再满足于"称霸一方"，开启了向全国市场进军的步伐。

1995年，申通快递在上海、宁波、金华和东阳设立快递网点，次年，又在南京、苏州设立快递网点，完成在长三角地区的网点布局。1997年，申通快递进入北京、广州等大城市，进一步扩大业务范围。1996年，顺丰速运开始在全国的快递市场跑马圈地，宅急送也不甘落后，三家企业自此展开激烈的角逐。

在这个过程中，市场经济的进一步发展又催生了一大批民营快递企业，其中规模比较大、发展势头比较好的，当数"三通一达"——圆通快递、中通快递、汇通快递和韵达快递。

韵达快递成立于1999年，创始人是申通快递创始人聂腾飞的弟弟聂腾云；圆通快递成立于2000年，创始人是喻渭蛟，其妻张小娟曾在申通快递财务部门任职；中通快递成立于2002年，创始人是赖梅松，他的妻子是申通董事长陈德军的同学；汇通快递成立于2004年，创始人不详，后该企业因资金问题，于当年被同是桐庐人的徐建荣收购。

有了这样的渊源，这四家快递企业与申通快递并称"四通一达"，它们团结在一起，与顺丰速运相伴而生。而顺丰作为民营快递企业的龙头，是它们最大的压力源。

2. 与"EMS"一起成长

在中国的快递行业，老牌国营快递企业——中国邮政，可谓根基深厚。

中国邮政于1980年7月15日开办全球邮政特快专递业务(EMS)，它是中国速递服务的最早供应商。1984年，中国邮政依托它在国内密集的运营网络，开办国内特快专递业务。1994年，EMS实现了邮件网上跟踪查询，自此迈入信息化时代，中国邮政EMS也随即成为国内首家实现邮件网上跟踪查询的快递企业。据有关资料显示，中国邮政EMS（以下简称EMS）在20世纪80年代中期至90年代中期进入快速发展阶段。在这一时期，EMS的业务覆盖面扩大到全国近2000个县和全球220个国家和地区，统一的人员着装，统一的服务标准，统一的邮件跟踪查询网络，让EMS在国内快递行业独放异彩。

1993年，顺丰速运成立。成立初期，这家仅有6名员工的小公司，由于缺乏雄厚的资金和相应的政策支持，根本无法与已经进入成熟发展期、在全国拥有密集运营网络的EMS竞争。尽管实力悬殊，顺丰速运作为一家民营快递企业还是有自己的优势，尤其是在运营管理方面，因为免除了企业内部的层层干预，它的执行力更强，从而能够做到在激烈的市场竞争中快速反应。凭借这个优势，顺丰速运在短短几年的时间里，快速渗透到了国内大部分快递市场，最关键的一点是，顺丰速运定位于中高端市场，这就在客户源上与EMS形成竞争关系。

对于顺丰速运强劲的发展势头，EMS并没有坐视不理。针对顺丰速运提升派送速度、提供优质服务的发展策略，EMS先后推出了几项改进措施。

第一，大量招聘一线快递员，增加运输车辆，以期在速度方面赶超顺丰速运，抢回一部分客户。遗憾的是，由于事先未能做好市场规划，这项改进措施并没有收到实效。

第二，下调派送价格。以珠江三角洲地区为例，EMS原来的派送价格为首重16元，此次下调至12元。此时国内快递市场的竞争已经接近白热化，为了提高市场份额，稳固老客户，开拓新客户，抵御顺丰速运、申通快递、中通快递等民营快递公司的冲击，降价势在必行。

除了在速度与价格方面的对垒，EMS还有意在航空运输领域与顺丰速运一较高下。在这个领域，EMS 占有先天优势。早在 1995 年，当顺丰速运还在为"生存"而战的时候，中国邮政就成立了航空公司，这也是当时国内首家全货运航空公司。而顺丰速运直到 2003 年才开始租用飞机运送快件。2004 年，邮政航空公司开办全夜航，成为国内唯一一家夜航公司，并随之推出了多项服务，例如在一、二线城市推出次晨达、次日递等业务，如此，EMS 与顺丰速运的交集越来越多。

2009 年，顺丰速运与 EMS 先后组建自己的航空货运公司。2013 年 4 月，EMS 做出中长期发展战略规划，先从山东航空股份有限公司购买了 5 架二手客机，4 个月后，又向中国国际货运航空有限公司租赁了 4 架全货机，着力用 5 年的时间打造国内机队规模最大的"货运航空公司"，用 10 年的时间将机队规模扩大到 90 架，站稳国内航空快递市场的领先地位。在过去，EMS 要想实现这一目标还是比较容易的，但现在，有了顺丰速运的制衡，这个目标是否还能如期实现尚且是一个未知数。

后期，顺丰速运与 EMS 的竞技已经延伸至多个领域。对顺丰速运来说，生鲜冷链是它多年来的优势项目，虽然有许多快递公司想在这个领域分得一杯羹，但多半心有余而力不足，只能望洋兴叹，无奈放弃。

2017 年 4 月，拥有强势资源的 EMS 将业务范围拓展至生鲜冷链运送领域，启动了樱桃寄递行业解决方案。按照这一方案，EMS 将在山东、辽宁、甘肃、陕西、河北、山西地区发起6省联动，做到生鲜冷链配送全国次日达。为赢得"开门红"，EMS配备了8架运输专机，这些专机通过南京集散中心向全国200多个城市运送樱桃。此外，EMS还特地开辟了40余条冷链专线，以确保1500公里内的重点城市的线路运能充足，从而实现"订购—采摘—分装冷处—飞机/冷链运输—48小时内派送到家"。这一块业务，曾经是顺丰速运的专属。

"老大哥"的频频发力，并没有让王卫感到恐惧，因为他坚信，要想走得快、走得久，靠的就是自身实力。

3. 来自国际快递巨头的挑战

随着中国经济的发展和国家各项政策的逐步完善，越来越多的国际知名大型快递企业纷纷进入中国市场，对中国快递企业的发展形成了一定的冲击。这些世界著名的快递企业崛起时间比较早，发展模式也比较成熟，其中部分企业甚至已经有上百年的历史，而中国的快递企业的发展则相对较晚。到了 20 世纪 80 年代末期，当中国的民营快递企业还处于萌芽状态时，国际快递企业已经先后通过中外合资的方式，借助中国外运股份有限公司的国内运输网络，进军中国的快递市场了。

早年，在国际快递市场上，称得上快递巨头的共有四家公司，即德国敦豪国际公司 (DHL)、美国联邦快递集团（FEDEX）、美国联合包裹运送服务公司 (UPS)、荷兰天地公司 (TNT)。德国敦豪国际公司 (DHL) 是最早进入中国的跨国快递巨头，成立于 1969 年，总部设在比利时首都布鲁塞尔，距今已有近50年的发展历史。1986年12月1日，DHL与中国对外贸易运输集团总公司在北京合资成立中外运—敦豪国际航空快件有限公司（以下简称中外运—敦豪），成为中国成立最早、经验最丰富的国际航空快递公司。随着中国经济的迅速增长，中外运—敦豪创下了骄人业绩，如今，它的服务已经遍及全国400多个主要城市，覆盖中国95%的人口和经济中心。

美国联邦快递集团（FEDEX）成立于1971年，是全球最大的快递运输公司之一，为美国各地和全球超过220个国家及地区提供快捷、可靠的递送服务。借助环球航空及陆运网络，FEDEX通常在一至两个工作日内就能迅速递送有严格时间要求的货件，而且确保准时送达。FEDEX于1984年进入中国市场，截至1998年，它在中国的服务覆盖增至111个城市，而到了2001年，它在中国的服务覆盖城市已经达到198个，发展速度非常快。

美国联合包裹运送服务公司(UPS)成立于1907年，是世界上最大的快递承运商与包裹递送公司，作为运输、物流、资本与电子商务服务的领导性的提供者，UPS每天都在世界上200多个国家和地域管理着物流、资金流与信息流，并不断开拓供应链管理、物流和电子商务的新领域。1988年，UPS与中国的大型公司合作，在中国组建自己的办事处。2005年，UPS开始全面运营它在中国区的业务。2008年，UPS成为北京奥运会的物流与快递赞助商，随后，

UPS在中国投资建设了两家转运中心——上海国际转运中心、深圳亚太转运中心。

荷兰天地公司（TNT）是全球领先的快递邮政服务供应商，总部位于荷兰，在欧洲和亚洲提供高效的递送网络，其国际网络覆盖世界上200多个国家，通过在全球范围内扩大运营分布来优化网络域名注册查询效能，为澳大利亚以及欧洲、亚洲的许多主要国家提供业界领先的全国范围快递服务。1988年，TNT进入中国市场；2016年，TNT因经济发展下滑被FEDEX收购。

21世纪初期，中国国内的快递市场不断扩大，引起了国际快递公司的关注。

2006年1月，FEDEX同天津大田有限公司合作，掌握了大田—联邦快递有限公司50%的股权，并将大田集团在国内的快递网络纳入其体系之中，此举用意明显——加强联邦快递在中国市场的参与度。

2007年，TNT收购华宇物流，并将其更名为天地华宇，期待借此深入中国市场，但是，TNT的中国之路似乎并不顺畅，2013年春天，TNT卖掉天地华宇，六年时间损失了18.5亿元。

2009年，中外运—敦豪将全一快递、中外运速递公司和金果三家公司100%的股权收入囊中，整合后展开中国国内快递业务，这也是中外运—敦豪在中国运营快递业务的唯一渠道。

这些国际快递巨头进入中国的时候，EMS、顺丰速运、申通快递等一众本土快递企业正值成长期，对于它们而言，国际快递巨头的进驻，大大加剧了行业竞争。在国内的民营快递企业中，受影响最大的当数顺丰速运。因为国际快递巨头在中国区的运营依旧保持了一贯的"精品路线"，它们不会放下身段去抢占中低端的快递市场，也不屑于打价格战，与国内的一些中小快递企业厮杀，它们瞄准的是高端的快递市场，而这部分市场正与顺丰速运的服务范围重叠。

在国内快递行业，顺丰速运是当之无愧的龙头，是快递企业的排头兵。但是，如果与国际快递巨头相比，差距还是很明显的，无论是在企业规模上还是在运营模式上，都不可同日而语。王卫深知，"打铁还需自身硬"，在这样的形势下，顺丰速运最好的应对策略就是变压力为动力，积极"强身健体"，将联邦快递作为顺丰速运的发展标杆，通过一系列措施不断提升自身的业务能力与服务水平，自身业务水平提高了，竞争力自然会随之增强。

在积极"强身健体"的作用下，顺丰集团取得了一个又一个突出成绩。如今，顺丰集团已经发展成集速运、电子商务、O2O等行业布局的综合性企业，不仅在国内快递市场占据有利的位置，也在国际快递市场占有一席之地。2017年5月26日，顺丰控股发布公告称，顺丰速运将与UPS合作，双方分别注资500万美元，共计1000万美元，在香港成立合资公司——环球速运控股有限公司，尽管双方合作的细节尚未具体披露，但是综观两家公司近年来的发展路径，UPS急于扩大在中国的业务，而顺丰速运在积极"突围"，可以说双方的合作是一次水到渠成的强强联手，用于经营推广和开发联合品牌的国际快递产品。

4. 是对手，也是伙伴

顺丰速运所面临的环境是非常复杂的，它既需要参与国内快递企业的竞争，又需要迎接与国外快递巨头的对垒，不仅如此，还要应对来自其他行业的挑战。

有人说，王卫最大的对手是马云。他们两个人，一个是国内民营快递龙头企业的掌门人，一个是电商网络平台的领袖；一个低调得有些"过分"，一个高调得如同"火星人"，两人的行事风格迥异，却有着近似的目标，他们铆足了劲在各自的领域深远布局，不约而同地将触角伸向了对方的属地。

2003年，马云在杭州创建淘宝网的时候，并没有想到淘宝网会改变中国的商业形态，淘宝网创建仅三年，就成为亚洲最大的购物网站，到了2008年，淘宝网每天的快递需求量已经突破500万单，巨大的订单量也带动了快递行业的发展与繁荣。

当电商对快递的需求越来越大的时候，马云开始向物流行业进军。2013年，5月10日是淘宝网10周岁生日庆典，这一天，马云宣布正式卸任阿里巴巴CEO（首席执行官）一职，就在业内对他的这一决定议论纷纷的时候，5月28日，阿里巴巴集团、银泰集团联合复星集团、富春控股正式启动"中国智能物流骨干网"（简称CSN）项目，由合作方共同组建的"菜鸟网络科技有限公司"成立，马云出任董事长，原来马云的焦点转到了这里。

菜鸟网络科技有限公司是做什么的呢？简单来说，它是一个运用平台化、网络化思维的物流体系，它依托天猫、淘宝交易、物流信息的数据网络，借助分布在全国几大重要区域的巨大仓储中心，凭借信息大数据的优势，布置仓储，调配物流，从而提高物流快递转运的效率。

马云的规划是，用5～8年的时间，打造一个遍布全国的物流基础设施，建立一个能支撑日均300亿网络零售额的智能骨干网络，将菜鸟网络科技有限公司打造成一个物流界的生态平台。马云布局菜鸟网络的目的何在？难道是想用"菜鸟"来抢占中国的快递市场？如果他真的进军快递行业，几年之后，行业的格局又将如何变化？面对这些疑惑，马云表示，"菜鸟"只是提供一个平台，一个物流界的生态平台，它不会去和快递公司抢市场。

尽管马云如此声明，但身处快递市场激烈竞争中的民营快递公司却不得不未雨绸缪。因为一方面，"菜鸟"的目标是促进电商和物流不断变革升级，从而为消费者提供更好的服务，即使它不直接参与快递行业的竞争，它的存在客观上也会影响快递行业未来的发展路径；另一方面，在这个"菜鸟网络"中，马云的天猫投资21.5亿元，占股43%，是具有绝对优势的"大股东"，而参与其中的民营快递企业顺丰速运和"四通一达"各出资5000万元，分别占股1%，分量很轻，主导权被马云和他的阿里巴巴牢牢地占据。

"菜鸟网络"后续的发展印证了众多快递企业的预测，仅两年时间，"菜鸟网络"成立时宣称的用天网（大数据）、地网（仓配）去革新快递业的构想，就已经演变为快递战略、仓配战略、驿站战略、跨境战略、农村战略五大战略。其中，前三个战略环环相扣，剑指快递市场，直接扣住了快递企业的命脉，而后两个战略则志在介入数据资源，改变快递配送路径，抢占派送的"最后一公里"。

对于"菜鸟网络"的迅猛发展，顺丰速运沉着应对。2015年6月7日，顺丰速运联合申通、中通、韵达等民营快递公司共同创建了一家名为丰巢科技的公司。公司的主要项目是"丰巢"智能快递柜，这是一个面向电商物流的24小时自助开放平台，该平台可以提供专门的快递寄收业务。

丰巢科技公司成立3天后，百世汇通和圆通加入菜鸟驿站——一个同样提供"最后一公里"派送服务的包裹寄收终端平台。

经过两年多的推进，到2015年，"菜鸟网络"的仓储战略已经基本清晰，在北京、上海、广州、成都和武汉建立5个大型仓储，总面积达到 100 万平方米，覆盖了华北、华东、华南、西南和华中五个地区。2015 年 5 月 28 日，"菜鸟网络"举行了规模盛大的两周年江湖大会。现场，近 500 家菜鸟合作伙伴共聚一堂，而持股 1% 的中通、申通、圆通、韵达等快递企业的代表也齐集会场，唯独缺少了顺丰速运。此时，两方的竞争态势已经一目了然，对此，王卫表示，如果顺丰速运和"菜鸟网络"对未来的规划不同，那两者之间就不是直接竞争，而是错位竞争。在他看来，中国的商业市场很大，比起针锋相对，顺丰速运更有可能选择跟"菜鸟网络"进行合作。

5. 从市场竞争到资本对决

顺丰速运面临的成长环境是十分艰苦的，对内，前有与 EMS 的较量，后有"四通一达"的包围，此外还要提防来自"菜鸟网络"的冲击；对外，国际快递巨头的实力更是不容小觑。在这样的形势下，顺丰速运可谓"举步维艰"。

幸运的是，王卫的内心足够强大，顺丰速运的实力也足够雄厚，在一次次的变革和调整中，顺丰速运取得了一个又一个飞跃式的发展。

竞争不会停止，更不会消失。

如果说以前快递企业之间的竞争主要体现在市场份额的争夺上，那么现在它们又有了新的阵地——资本市场。

对于中国的企业而言，如果能够进入国内的 A 股市场，那么就能够在全国募集资金，将这些资金用于基础建设或新业务领域的探索，将大大加快企业的发展速度，扩充企业的规模。此外，进入资本市场，在一定程度上证明了企业的实力和发展潜力。

2016年，民营快递行业刮起了一阵融资与上市的飓风，仅在2016年2月，短短的5天时间里，就有三家快递企业宣布融资。2月23日，北京宅急送快运股份有限公司对外宣布，公司运输、配送、云仓三大事业部独立经营，有消息显示其二轮融资已敲定；2月25日，天天快递有限公司在杭州宣布完成A轮融资，金额不少于6亿元人民币，中金前海发展（深圳）基金管理有限公司为主投方；2月24日，顺丰速运成功上市；2月28日，上海韵达速递（物流）有限公司宣布，与复星集团、中国平安、招商银行、东方富海、云晖投资等金融与投资机构达成战略合作。这一年，关于民营快递融资、上市的消息层出不穷，各家快递企业就像事先商量好了似的，不约而同地谋划上市，体现出惊人的一致性。

来自国家邮政局的统计数据显示：2015年，全国快递服务企业累计完成206.7亿件业务量，同比增长48%；累计完成2769.6亿元业务收入，同比增长35.4%。到2020年时，预计快递年业务量将会达到500亿件，业务收入达到8000亿元。毋庸置疑，快递市场的发展前景相当广阔。

但是，与此形成鲜明对比的是，快递行业本身的发展似乎并不乐观。有分析人士指出："快递行业资本对决的背后是产业的无序和同质化竞争，即便有大资本涌入，快递公司的重心依然放在扩充业务规模，而不是放在做差异化运营上。"随着行业规模的不断扩大和行业竞争的加剧，快递行业的毛利率正在持续下滑。据相关数据显示，2007年，快递行业毛利率维持在30%的水平；2005年时，快递件的平均收入为每件27.7元；而到了2015年，该价格已经降至13元左右。这样一来，一些"小、散、乱"的快递企业的生存将更加艰难，一场行业的洗牌将不可避免，而随着行业洗牌，快递企业的利润也将被不断压缩。

在生存越来越艰难的情况下，应对范围不断扩大的价格战和不断上升的用人成本的需要，使快递企业对资金的渴求空前强烈。另外，国家对快递企业兼并重组上市融资的政策也起到了推动作用。生存的压力和国家政策的倡导，催生了快递企业的融资行为。

对王卫而言，选择融资与上市，也需要很大的勇气。多年以前，王卫曾公开表示顺丰速运不上市，当时的顺丰速运正处于发展的鼎盛期，由于与其他民营快递企业的定位不同，顺丰速运单件货品的利润较高，可谓"钱景"无限。近几年，行业发生了变化，顺丰速运也在积极探索企业转型的方向与路径，在跨界电子商务的道路上它走得并不顺畅，一系列的变革，使顺丰速运对资金的渴求格外强烈，此时将战场转移到资本市场上，或许将开启一个新的发展局面。

09

创业者的气质

EXPRESS

1. 低调做人，高调做企业

在中国，顺丰速运是国内家喻户晓的快递企业，而王卫，作为顺丰速运的创始人和顺丰集团的掌门人，他的名字却远不如他做的企业名声响亮。人们常说，顺丰速运很高调，王卫很低调。顺丰的高调，首先体现在它的中高端定位、更高的派送价格、更快的派送速度和优质的服务上。多年来，顺丰速运一直坚持中高端定位，坚持以商务件为主营业务，派送价格相对业内其他快递公司更高，在其他快递公司，首重派送价格一般在 6~8 元，而在顺丰速运，首重派送价格却高达 12 元，近乎其他快递价格的两倍，直到今天，顺丰速运依然是国内派送价格最高的民营快递企业。当其他快递公司受困于低端市场的价格战的时候，顺丰速运独具慧眼，将经营重心放在了提升派送速度和完善派送服务上，随着即日达、次晨达、次日达等产品不断推出和顺丰速运机场的建成，顺丰速运凭借更快的派送速度和优质的服务，得到了客户的认可，树立了良好的品牌形象。

顺丰的高调，还体现在一线快递员的高收入上。2011年，一条关于顺丰速运的微博火遍了网络："刚才顺丰快递员在我们公司发飙了。他说：'我一个月工资一万五，会为了你这两千块的礼品丢这个饭碗吗？！'当时，整个公司一片沉寂。"一个看上去普普通通的快递员，竟能有如此高的收入？这是很多人想象不到的。实际上，在快递行业内，顺丰速运工资水平高早已不是秘密。顺丰速运实行"计件工资制"，快递员按劳取酬，派件数量越多则工资越高，且上不封顶。

2017年3月，在胡润研究院发布的《2017胡润全球富豪榜》中，顺丰创始人王卫以1860亿元身家位列大中华区第三，仅次于王健林和马云，这个消息将人们的目光引向了中国的快递行业。在中国，"顺丰速运"这个名字可谓有口皆碑，但是对于它的创始人王卫，人们却知之甚少。

创业多年来，王卫一直很少公开露面，也甚少接受媒体采访，与顺丰速运的声名远播相比，王卫显得十分低调，默默无闻。当顺丰速运不断做大做强，越来越多的人想要了解顺丰速运背后的故事，媒体纷纷将目光锁定王卫，期待对他的采访，遗憾的是，它们大多未能如愿。有传言称，一位行业报的主编曾多次邀请王卫"来编辑部坐坐，不是采访，只是内部交流"，却一直没有等到王卫现身。其实不只是对外部媒体，就连顺丰速运的企业内刊上，也鲜有王卫的讲话，至于照片就更无从找寻了。为了一睹王卫的真容，媒体可谓绞尽脑汁。关于这一点，有一个流传甚广的故事，据说，有香港狗仔队成员甚至用上了"卧底"的手段，通过应聘到顺丰速运做了一名快递员，终于在收派了300多个包裹后，见到了王卫并拍下了他的照片。

王卫的低调不仅让媒体抓狂，还让一些投资人头疼不已。早些年，在顺丰速运崭露头角时，有投资公司对顺丰速运投资，却苦于没有办法见到王卫本人，为此甚至对外开出高达50万元的中介费，只为和王卫坐在一起吃一顿饭，顺便"谈一谈"，更有美国投资商为能和王卫面对面谈合作，愿意拿出1000万美元作为佣金付给咨询公司，可惜的是，他们直到最后也未能如愿。

王卫的低调使他充满了神秘色彩，不仅外人见不到他，就连顺丰速运内部的很多员工也不认识他。创业多年来，王卫一直保持着定期到公司一线收发快递的习惯。一次，在一个快递网点整理货物时，同事们都将他误认为新来的快递员，谁也没有把他的身份与自己的老板联系在一起。

或许，王卫的低调是性格使然，并非刻意为之。低调的王卫成就了高调的顺丰，或许这种不喜张扬，只关心如何把分内的事情做好，如何把企业做好的行事风格，才是创业者应有的气质。

2. 最有信仰的工作狂

王卫是一个创造了巨额财富以后,依然事必躬亲,对工作十分痴狂的人,为此,有人戏称他为"最有信仰的工作狂"。

从 1993 年到 1996 年,从 23 岁到 26 岁,随着国内快递需求量的爆炸式增长,顺丰速运的业务得到了飞速拓展,王卫也在这个过程中变得更加忙碌,成为一个不折不扣的"工作狂"。创业初期,整个顺丰速运是一个仅有 6 名员工的小团队,王卫就带着这个小团队亲自派送快件。据说,那时他们在送快递的时候,都会随身携带一张地图,每一天这张地图会被拿出来翻看若干遍,有的员工甚至在一个月内翻烂了十几张地图,奔走在派送快件的路上,摔倒受伤更是家常便饭,但他们还是咬紧牙关,一如往常地工作。正是这种埋头奋斗的精神,换来了顺丰速运的成长。

如今,顺丰速运已经是一家拥有 40 万名员工的大公司,是我国快递行业的领军企业，但是王卫和一些公司元老依然会亲自派件。尽管已经事业有成，拥有了许多财富，王卫还是把自己当作一名普通的快递员，他会在早晨8点准时抵达顺丰速运位于北京的某个中转点，沉默而迅速地整理需要派送的快件，拿着黑色的巴枪扫描快件上的条形码，动作娴熟而流畅，在场的员工没有人能想象，身旁这个忙碌的中年男人就是他们的老板。

日复一日，年复一年。长年累月地忘我工作，使已经步入中年的王卫看起来有些憔悴，但他还是改不掉二十几年来形成的工作习惯，无法控制自己不做一个"工作狂"。对于他这种拼命的劲头，一些同行在表示钦佩的同时也表达了不理解。对于工作，申通快递有限公司董事长陈德军曾坦言："我想要放下。我这个岁数，身体才是第一位的。我不想那么累。我也不理解王卫为什么要把自己搞得那么累。"

"为什么要把自己搞得那么累？"或许，"热爱"是这个问题的最好答案。因为热爱，所以狂热。王卫热爱这一份事业，更想把企业做到基业长青。所以，"放下"对他来说是一件很难的事情。在顺丰速运的发展历程中，王卫也曾想过"放下"，也曾有过短暂的离开，可换来的结果却是顺丰速运的发展遭遇危机，或许正是那次经历，让王卫明白他还不能"放下"，他必须亲自掌舵。

对于"最有钱的工作狂"的称号，王卫也是一笑置之。后来，在一次访问中，王卫说出了自己的心里话："一棵大树，露在外面的树干和树冠能否真正经历暴风雪,还得取决于它深入土壤的根系是否扎实和健康。我相信,只要公司内部先做好了,只要我们内部对顺丰的企业文化形成了一种信仰,那离外部对我们的信仰也就不远了。"

或许,工作于王卫而言,更像一种信仰。王卫明白,对于企业的管理,身先士卒是最好的方式,它胜过任何规章制度,通过自己的亲身示范和员工们的上行下效,企业的运营能够进入良性循环,始终保持旺盛的生命力。在王卫及诸位公司元老的带领下,务实与坚韧的工作作风在顺丰速运很好地延续了下来。据说,有一次顺丰速运的运货车在派送快件途中发生意外,当救护车赶到的时候,车上受伤的两名快递员坚持要等到公司前来接应的同事抵达现场,才同意离开。

3. 专注与专一

"攻城容易守城难",对企业的发展来说,"守业"永远比"创业"更难。在商界,有很多创业成功者没能守住自己的优势,最后淹没在市场大潮中的例子,这看似难以理解其实很好理解。这是一个瞬息万变的时代,也是一个跨界创新的时代,很多企业,尤其是一些大企业的经营者都认为,多元化经营才是企业发展的正确方向,于是有的企业在做电器的同时做房地产,有的企业在做房地产的同时去做商场或者物流。从某种角度来看,这种多元化经营的策略无可厚非,因为在现代社会,无论是以不变应万变,还是以动制动,都是一种发展的途径。

但是需要注意的一点是,企业的资源和人员精力有限,思绪太多、任务太多的结果就是样样通,样样松。因此,很多时候,只有把精力倾注在一件事情上,做深、做透、做长、做久,才能成功。

顺丰速运的成功，与王卫的专注和专一分不开。

顺丰速运是一家民营快递企业，在经营顺丰速运的过程中，王卫坚持研究和学习，非常注重对其他优质企业的运营经验的借鉴，在这些企业中，就有美国联邦快递，在王卫心中，美国联邦快递是竞争对手，更是行业标杆。

通过研究联邦快递的运营经验，王卫发现，联邦快递对外接收业务是有条件、有选择、有重点的，这种对市场的选择，帮助联邦快递更好地建立了自己的服务优势，积累了良好的声誉和口碑，也为其后续持续发展奠定了基础。

受联邦快递的启发，王卫明确了顺丰速运的定位和发展原则：定位于中高端，为中高端客户提供服务，细分市场，为客户量身打造。这样的定位和发展原则，将顺丰速运与其他快递企业区别开，以此为基点，顺丰速运一路发展壮大，将快递业务从少数几个区域做到了全国。

如果说不断学习和借鉴其他优质企业的运营经验体现了王卫的"专注"，那么不盲目跨界，不盲目扩张，坚持把快递业务做好，就体现了王卫的"专一"。为提升派件的安全性和时效性，顺丰速运持续加大投入。2003年，顺丰速运投入大笔资金承包飞机，并在2009年年底建立了自己的航空公司，以此提高了运输能力。随着新技术的发展，顺丰速运对公司的管理系统进行升级，使之覆盖公司所有的网点。为了提升员工的工作效率，王卫又开创行业先河，率先引进自动分拣系统，这个系统的运营成本非常高，一般的快递企业可能需要花10年甚至20年的时间才能把投进去的成本收回来，这让很多企业望而却步，但是在王卫看来，只要能够提升顺丰速运的行业竞争力，一切都是值得的。

进入快递行业二十多年来，王卫遇到过各种诱惑，但是，他的专注与专一，总能使他时刻保持着清醒的头脑，做出最明智的选择。

关于顺丰速运未来的发展规划，王卫强调了两点：

一是专注于产品的落地。"健康的产品和定位会砍掉不少客户，我们不追求不健康的乐观，也不做备胎，负毛利的产品我们不会去做。"王卫相信，稳定、优质、有价值认同感的客户，大批量地存在着。

二是全面提升客户体验。产品是企业的生命线，客户就是这条生命线的维系者，坚持以客户为中心，全面提升客户的体验，是每一个企业生存的根本。对于顺丰速运来说，从产品到人力，从货物运输到分拨，从公司总部到各个地区、各个网点，是一个完整的体系，这个体系中各环节的相互配合，影响着公司的服务质量，不断提升各环节的客户体验，不断提升服务质量，将是顺丰速运长期努力的重点。

很多时候，企业失败的根源不是缺乏发展机会，而是发展机会太多，发展机会太多导致企业选择困难，使企业在众多选择中迷失自我。这也恰恰是"守业"比"创业"难的一个原因。实际上，对于大多数企业而言，选准一个点，做深、做透，做到人无我有，人有我优，做出特色，做出品牌，才是企业做大做强的根本法则！

4. 信仰让人自律和感恩

无论是企业家还是普通人，都要有自己的信仰。信仰无关大小，不分高低，关键是要能支撑自己的内心。

回顾顺丰速运的发展历程，初创时期，艰难前行，不放弃；危机中，勇敢布局，不言败；鼎盛时期，冷静对待，不自满。在顺丰速运的每一个关键的发展阶段，王卫始终怀着坚定的信念，运筹帷幄。王卫信佛，佛教教义中有许多关于"法"的故事，都被他拿去消化吸收了。这些故事的宗旨大多是帮助世人，自身"正知、正念、正行"，然后通过言传身教，帮助世人形成积极的人生观和价值观。王卫将自己对佛法的体会，移用到了顺丰速运的管理上，诚如他所说："我们现在要做的，就是利用顺丰这个不错的平台，把未来很多不确定的看似偶然的东西变成必然。"

信仰通常不是一开始就存在的，它有一个生发的过程，王卫对于佛学的信仰就是随着顺丰速运的发展和王卫自身思想的成熟逐渐形成的。1976年，王卫随父母从中国内地举家迁居香港，一家人在香港的生活充满艰辛，穷困的家境使王卫丧失了接受高等教育的机会，高中毕业后，他去了一家工厂做小工，这段经历让他深深体会了贫穷的滋味。后来，王卫创办了顺丰速运，当他成功赚取人生的第一桶金时，他有些飘飘然。这时的王卫只有25岁，他脖子上挂着一条金链子，手指上戴着几枚金戒指，似乎在向旁人宣告：我王卫不再是从前那样了！

幸而这种状态并没有持续多久。因为王卫发现，这种行为除了让自己更加空虚之外，没有任何益处。随着事业的持续发展，王卫开始转变想法，不再"坐井观天"，他的眼界越来越开阔，心胸越来越博大，他开始用一种全新的眼光看问题。后来，在回忆那一段荒唐岁月时，王卫深有感触："我庆幸我找到了精神寄托。随着事业不断迈上新台阶，个人的眼界和心胸不一样了。同时我还要感谢我的太太，她在我得意忘形的时候，不断泼我冷水，让我保持清醒和冷静。"

领导者的清醒和冷静，是一家企业能够长远发展的重要保证。顺丰速运遇到王卫这样的领导者，是幸运的。他说："有人觉得有钱有权就有'威'，我认为这个观念是完全错误的。'威'不是建立在金钱或权力的基础之上，而是建立在道德的基础之上。一个人可以昂首挺胸地走在路上，收获尊敬且乐于亲近（而不是羡慕嫉妒恨）的眼神,这才叫'威'。""在企业的发展过程中,我越来越意识到,我今天的所谓成功,是天时、地利、人和集合到一起的一个福报。"

2017年,一向低调的王卫破天荒地在顺丰速运年会上发表了近20分钟的演讲。演讲的核心是表达对全体员工的感恩:"我很感恩一线的快递员,他们真的很辛苦。在外面受气,受冷受热,受工作劳动强度,还有公司很多指标的挑战,感恩他们成就了公司。二线的员工,他们是一个后台,这些幕后英雄默默地支持着前线的工作,为了支持整个顺丰正常运作,他们要熬夜做很多的工作,感恩二线。对于三线,我今年的感觉很强烈,这两三年顺丰的确做了很多创新、变革,折腾了我们三线的很多同事。他们在组织架构的不断变化中,受了很多折磨,这一点我心里是非常非常难过的。"这些感恩的话,是王卫内心深处最真实的想法,他十分清楚自己肩负的职责和使命,他希望能种下一些"善因",让它们早日生根、发芽。他想通过顺丰速运的发展成就一些"功德":首先,给员工提供一份有尊严、有保障、有前景的工作,让他们在工作中舒心,收获信心,收获人生价值;其次,引导大家建立一个正面的人生态度,正直做人,正直做事,走得正,行得端。

在信仰的指引下,王卫做人谦逊低调,默默无闻,做企业敢想敢干,雷厉风行。王卫的果敢在顺丰速运探索转型的过程中体现得尤其明显。虽然顺丰速运在跨界电子商务的道路上困难重重,但是王卫没有退缩,他始终怀着坚定的信念带领员工稳步前行。

2017年2月，顺丰速运上市，企业发展进入一个新的阶段。在上市的致辞中，王卫没有大谈特谈企业的发展规模与发展前景，而是语重心长地道出几点提醒，他提醒自己："从今天开始，话不能随便说，地方不能随便去"；提醒朋友："有些问题不要问""我不能随便答复，那会害了大家，会被关联起来（指关联交易）"；提醒顺丰速运的所有员工：从此要更加谨慎，"少说话多做事"。

5. 王卫的企业家情怀

在"大众创业，万众创新"的大环境下，成立一家公司变得很简单，但是，要想发展一家企业，带领企业走向成功，就不那么容易了。在商界，每天都有新的企业成立，也有老的企业倒闭或破产，其中不乏一些知名企业，由此可见，要想让自己的企业不断发展，基业长青，绝非易事。

作为顺丰速运的创始人，早期的王卫只是众多创业者中的一个，如今，顺丰速运已经在快递领域取得惊人的成就，王卫也从一个普通的创业者成长为一名知名企业家，当他带领顺丰速运在商场上开疆拓土、披荆斩棘的时候，他的身上，体现出企业家的情怀。

创业者的行事风格各不相同，有高调的，也有低调的，王卫属于后者，不过，在快递市场上，王卫本人的低调掩盖不了顺丰速运的光芒。资本市场特有的敏锐嗅觉使投资方察觉到顺丰速运所蕴藏的巨大潜力，它们想方设法与顺丰速运接触，希望能够对它注资，这其中就有 PE 和 VC，它们是最早关注顺丰速运的投资方。

PE，全称是 Private Equity，也就是私募股权投资；VC，全称是 Venture Capital，也就是风险投资。PE 和 VC 都是通过注资或收购有发展前景的私人企业来获取利润。当时，尽管顺丰速运创立不久，但是它在快递市场上的亮眼表现已经成功地吸引了海外的 PE 和 VC 的注意，遗憾的是，它们想尽一切办法寻找王卫，却始终未能如愿。

在很长的一段时间里，不接受任何外部资金的注入，是王卫做企业的一条原则，即便顺丰速运曾数次走在倒闭的边缘，他依旧坚守这一原则。其中最严重的一次是在 2008 年，那一年，严重的金融危机使很多企业元气大伤，在快递行业，大量的快递企业因资金链崩溃而倒闭，在这场危机中，顺丰速运损失惨重，濒临破产，但是面对困境，王卫还是坚持拒绝外部资金的注入，对他的员工们说："即便要倒，也要让大家记得，曾经有一家叫顺丰的民营企业，让对手从心底里敬佩！人可以输，但不能输掉尊严！死不可怕，但要死得有价值！"铿锵的话语，显示出他战胜困难的信心与绝不认输的决心！

王卫之所以有这种坚定的情怀，主要源于三个方面的原因。

首先，从个人情感来说，顺丰速运由王卫一手创立，从某种程度上来说，顺丰速运就像是他的孩子。

其次，对于快递行业的发展前景和顺丰速运的未来，王卫始终怀有信心。他认为，顺丰速运拥有十分广阔的发展空间，有着十分强劲的发展动力，所以无论遇到什么困难，他都不会将企业拱手让人。

最后，在做企业的过程中，王卫一直带着一种情怀，他曾在一次顺丰速运内部讲话中说："每个人都有自己经营企业的目的，可能随着企业的发展，这个目的会发生变化。就我个人而言，经营企业的目的可能有点理想化，不完全是为赚钱。顺丰的愿景是成为最值得信赖和尊重的公司。我们不追求行业排名，也不求一定要做到多大，而是希望我们的人和经营行为能被社会信赖和尊重。我觉得企业跟人一样，如果能有一些理想，做事的态度和结果可能会完全不同。就像为赚钱而画画的人，同只求温饱、为追求艺术而画画的人相比，他们画画的方式和最后画出来的作品肯定不一样。有艺术追求，就会执着，它会推动你不断给自己挑毛病，不断改进。所以我总觉得，企业要想取得长远发展，还是要有一点艺术家气质，而营业额可能是水到渠成的事。"

6. 公益之路

在现代社会，企业热心公益并不是个别现象，很多企业在发展壮大以后都不忘记回报社会，力所能及地去做公益，但是，多年来一直坚持做公益，做出体系，做到成熟、完善的企业并不多，顺丰速运是其中一个。

二十余年的专注发展和开拓创新，使顺丰速运成为中国快递行业当之无愧的领航者，盘点顺丰速运的发展历程，我们可以看到，在不断奋进、发展自身的同时，顺丰速运持续践行社会责任，通过大量的公益活动回馈社会。

顺丰速运创立初期，生存是第一位的。这一阶段它的主要目标是谋生，在市场上找到自己的立足之地并站稳脚跟。到了20世纪90年代末期，顺丰速运已经发展到一定规模，有了回报社会的资本和能力，这时它的公益事业起步了。

2000年后，顺丰速运在全国快递市场的布局收获了可喜的成果，它开始不断加大对公益事业的投入，将公益事业的范围向扶贫、重大灾害的救助与防护等领域扩展。

2002年，顺丰速运推出助学项目，帮助家境贫困的孩子重返校园，在公益之路上大踏步地前进，其间，顺丰速运与广州教育基金会合作，扶困助学，为"非典"捐赠200万元，用于疾病的防治，为希望工程捐赠，为中国慈善事业捐款，支援"汶川地震"灾区，成立慈善基金会，这一桩桩一件件的公益事件无不源于王卫的爱心，源于他回报社会的一份热情。

经过二十余年的"公益长征"，顺丰速运意识到公益事业也需要组织化、社会化，只有这样才能让公益惠及更多的人。2009年，为了规范公益行为，打造公益项目，顺丰速运设立了广东省顺丰慈善基金会，该基金会将作为一个专门团队，专注于落实公益项目。从此，顺丰的公益事业进入规范化时期。

规范之后是发展。随着企业规模的逐渐壮大，顺丰速运在公益方面的投入也越来越多，它已经不再把公益简单地理解为扶贫、救灾，它用自己的公益实践不断丰富着当代公益事业的时代意义。2013年，顺丰速运在民政部注册成立公益基金会，不断将自己的公益理念向外推广。

作为国内首屈一指的快递企业，顺丰速运在公益事业上的投入早已无法用数字衡量，但是在这条公益之路上，顺丰速运还是没少受到外界的质疑，对此，王卫毫不在意。王卫深知，做好事不难，难的是坚持做下去，谣言止于智者，时间是最好的证明。公益事业是奉献爱心的事业，顺丰速运只要还有这个能力就要去奉献一份爱心。在这种理念的指导下，顺丰的公益足迹遍布大半个中国，无论是在祖国西南的边陲，还是在东北广阔的土地上，都可以看到顺丰的公益项目。

顺丰速运的发展为它的公益之路提供了坚实的基础，而对公益事业的投入又帮助顺丰速运树立了良好的口碑。如今，顺丰速运已经成功赢得了社会各界的认可，成为国内最受尊敬的企业之一。